思想觀念的帶動者

文化現象的觀察者

本土經驗的整理者

生命故事的關懷者

心靈工坊 PsyGarden

Self Help

顛倒的夢想，窒息的心願，沈淪的夢想
為在暗夜進出的靈魂，守住窗前最後的一盞燭光
直到晨星在天邊發亮

一流精神科醫師的傾聽術

深入人心的全方位傾聽養成法

高橋和巳——著
Takahashi Kazumi

徐天樂——譯

精神科医が教える聴く技術

目錄

第三章

認同並傾聽——只有理解煩惱的本質，才能發自內心認同並傾聽 071

第四章

第五章 傾聽糾葛——所有煩惱都源於「內心的糾葛」155

第六章 傾聽自己的心

推薦序

無為的力量——
細膩拆解傾聽，反思助人歷程

蘇益賢（初色心理治療所臨床心理師暨副所長／企業講師）

近期與其他心理師同行聊到，日本連續劇和其他國家的連續劇相比，有一個特質頗爲鮮明，就是對內心的刻畫十分細膩。在閱讀日本精神科醫師高橋和巳所寫的《一流精神科醫師的傾聽術》一書時，這種細膩的感覺再次出現。

這本書談「傾聽」在心理治療、心理諮商中的重要性。相關背景的讀者對「傾聽」二字絕對不會陌生——在所有諮商理論、諮商技術的教科書，乃至於寫給大眾看的相關讀物中，傾聽都是不會缺席的主題。那這本書與其他類似書籍相比，亮點何在呢？

我在讀完整本書之後，印象最深刻的亮點是：作者對「靜靜傾聽」這門功夫的強調與在意。在其他討論諮商技術的書中，傾聽多半會被視爲一種助人歷程中的「基底」，是助人關係中再基本不過的存在。正因爲傾聽太基本了，我們往往將它視爲成就後續行動——無論是同理、回應、分析還是詮釋——的基礎。

但作者在培訓助人者時，不把傾聽作爲基底，而將它視爲主角。他認爲在靜靜傾聽時，有四件助人者「不該做」的事：（一）不該插話，來表示支持、認同。不該回應對方，來表示自己同意對方觀點。（二）不該複述、重複、總結。（三）不該明確化個案沒意識到的部分，不該指出重點。（四）就算有沒聽清楚的地方，也不該提問。

乍看之下，這讓人有些困惑。在對話中表示支持、用總結來摘要個案提出的資訊、點出個案沒意識到的部分，並即時針對個案提出的資訊進行提問或澄清，這些都是非常基礎的諮商技巧，爲什麼在傾聽時不該這樣做呢？什麼都不做，就只是聽，這樣眞的可以嗎？

是的，在作者心中理想的助人歷程中，這樣沉默不語，就只是專注傾聽的過程，會佔去會談大量時間。唯有在傾聽的「基礎建設」打穩之後，上述提到的其他技巧現身時，才會更具效力。

雖然這種傾聽心法乍看有些激進，不過在作者細膩的解釋之下，確實給了我們另一種反思助人歷程的方向。特別是在諮商前期，助人者所給予的任何回應本身，都可能在不知不覺中引導了會談。個案很容易隨著助人者的回應、重複語句、提問，而跟著被引導——走向助人者心中覺得應該去的地方；而不是個案在會談過程，自己摸索出來的，那些值得深入探究的領域。所以，在諮商前期，助人者在默默傾聽時所提供的大量留白，實則提供了足夠的空間，讓個案有機會完整嘗試走過「自我組織」的過程。

作者除了提醒我們，每次你想提問時，留意你的提問是否帶著個案走去你「希望」他去的地方？同時，每次你想「發言」時，是不是因爲你內心有某個聲音其實「不太認同個案現在說的話」，所以，你才想做些事情來澄清、來引導、來確認你此刻所聽見的資訊？這些確實是助人歷程中值得深思的詰問。

唯有在自主的情況下，個案才能慢慢把內心想談論的議題攤開來，像是一張完整的地圖，終於放在兩造眼前。助人者的角色或許是溫柔地加速這個過程，但不該是「主導」地圖要朝哪攤開、地圖的哪些位置應該要早點攤開等。諮商初期，我們就只是見證者、陪伴者與參與這段過程的人。當初期的基礎工作做好了，後續的介入才具有意義。

過去培訓助人者時，我們多半會強調專注傾聽、同理、不要急著給建議這些基本概念。在本書細膩拆解諮商歷程元素之後，我們才發現第一步原來這麼關鍵：光是「靜靜傾聽」這們功夫，就值得我們修煉許久。

雖然本書書名《一流精神科醫師的傾聽術》看似將讀者定義爲醫療人員或廣義的助人者，但上述針對傾聽的討論，其實同樣適合應用在親子溝通、伴侶對話，乃至於落實在主管－員工對話的情境上。更甚者，書中也提醒，在我們每個人與自己進行「自我對話」的時刻，也可以這樣應用。我們也可藉此思考自己能否練習成爲默默傾聽自己的傾聽者，不急著打斷自己、不急著提問或逼自己採取什麼行動，而就是好好聽、耐心地聽懂自己的想法。願讀者有機會透過這樣的心法，成爲一位看似無爲，卻更具效能的傾聽者。

關於傾聽的技術——致台灣讀者

透過本書中文版的發行，首先我想對讓中文版得以順利付梓的諸多人士，包括了我的朋友，同時也是本書譯者的徐天樂小姐、心靈工坊出版社的本書責任編輯饒美君小姐，以及本書在日本的發行單位——筑摩書房中負責本書的各位人員們，致上誠摯的感謝之意。

在本書中，我針對了「聽人說話」這門深奧學問舉出了數個近在身邊的案例，並對其加以分析探討。無需贅言，「聽人說話」不但是心理諮商中最無重要的一項技術，也是心理諮商師一開始最早學習的技術。以專業術語來說，我們稱之爲「傾聽」。可是這種傾聽不只可被用於心理諮商之中，在日常生活當中也可以發揮極大的效用。

爲什麼我們想要受到傾聽呢？這是因爲我們希望自己的心聲被人理解、情緒獲得認同。只要獲得了理解和認同，人與人的心就會連繫在一起。人一旦與他人心意相連，不安就會消失，心就會如釋重負。也就是說，我們會藉由受到傾聽來肯定自己與他人心意相連，想要因此感到安心。

所謂「傾聽」，換句話說，就是去聽對方所吐露的言語深處中「想與他人心意相連而感到安心」的這份訴求。小孩子在一天結束時讓母親聽聽自己那天的各種體驗，就會覺得放心，接著便能安然沉睡、順利成長。孩子們總會充分發揮他們與生俱來的天分。而且，懷抱煩惱的個案在獲得諮商師的認同後，會得到與他人心意相連所帶來的安心感。這麼一來，他所懷抱的不安與恐懼便會減少，接著就能得到解決煩惱的勇氣。

傾聽可以使人成長、舒緩人的孤獨與恐懼，煩惱從而獲得解決。

若是藉由本書中文版的發行，可以將『傾聽』與『受到傾聽』能夠再肯定自己與他人間的連繫，具有讓人產生安心與勇氣的力量」這一點傳達予更多讀者，我便感到萬分榮幸。

二〇二四年二月　高橋和巳　寫於東京

理解對方內心深處渴望被聽到、被理解的需求——傾聽治療的真義

徐天樂

臺灣讀者，大家好！我是本書的中文版譯者，徐天樂。非常高興您對本書的內容感興趣，並願意親手翻開。我想告訴您，您非常幸運，因爲《一流精神科醫師的傾聽術：深入人心的全方位傾聽養成法》這本書，和您以往閱讀過的心理學、傾聽學書籍有很大的不同。本書一出版，便在日本心理治療的從業人員之間引起了很大的話題，很多人認爲這種傾聽技術的視角是前所未有、讓人震驚。我作爲一名在日本的現役心理治療師，特別想向大家推薦的理由，也就是本書的最大魅力是——高橋博士強調的傾聽治療，並非只侷限於「聽」，首先要了解「爲

什麼人都有想傾訴的內心需求」，才能理解「傾聽治療與心理康復的關係」。全書的理論不模糊，也不過與抽象，可操作性高，是我個人最爲推崇的理由。

身爲一名心理師，我觀察到從事心理相關行業的同仁大多都是正義感強、熱愛幫助別人。比如在患者感到痛苦，請求援助的時候，他們往往會想盡很多方法安撫，提供各種建議。這些操作看似合情合理，其實並不能眞正解決問題。甚至會阻撓與患者的互信關係，反而看不清患者問題的本質、最終找不到有效的治療方案。一般的心理面談是五十分鐘。這五十分鐘是患者自由表現的舞臺。治療者過度發言會影響患者的思路，導致本來想說的不能說，讓患者不但得不到釋放，還容易被治療者的問題和建議所誘導，被帶到完全不是本意的狀態裡。這樣非但達不到治療的目的，有時甚至會導致問題惡化，也無法建立治療者與患者的信賴關係。並且，對治療者來說，也無法獲取患者的正確的資訊、觀察到患者的眞正狀態。我認爲治療者要能爲患者提供暢所欲言的舞臺，並在這個過程中進行仔細的觀察，留下眞實的記錄才是心理治療的第一步，也是最重要的一步。

高橋博士常強調，五十分鐘的面談，前面四十分鐘屬於患者，最後十分鐘才屬於治療者。前面的四十分鐘是患者暢所欲言的舞臺，治療者不能打斷、不能提問、不能總結、不能提建議。優秀的心理治療師，不是「會說」，而是「會聽」。會聽的心理師才是眞正一流。我覺得這句話聽似簡單，但確立了有效的傾聽技術是心理治療中非常重要的一環。然而目前，眞正理解傾聽的重要性的心理師很罕見。現行多種多樣的「心理治療法」讓人眼花繚亂，甚至容易使人忽視問題本質，把焦點集中在疾病本身，忽略了患者內心希望被聽到的需求。另外，幾乎沒有人把「會聽」與「不會聽」的治療者的區別透過案例進行對比，由此體現傾聽的重要性（但本書卻點出來了），這就是我推薦這本書的最大理由。

希望各位讀者喜歡本書並受益良多。感謝！

前言

人，會隨語言成長。

特別是嬰兒，習得語言與心理發育之間有著密切關聯。

孩子從一歲起開始學會語言表達，最初只會說「媽媽」、「爸爸」這類一段式短語，逐漸地又學會說「媽媽，過來」這類兩段式短語，再過一段時間又會說「媽媽，我要果汁」等簡易的句型。隨著語言成長，不可否認地，他們的視野也在不斷擴大著。

在嬰兒階段，最明顯會發生的心理發育，會發生於所謂的「第一次叛逆期」。在該階段中，嬰兒會產生一種前所未有的新語言表達方式。

那就是「**討厭，不要**」。

這是對母親的反抗。原本對孩子而言，母親是他在這世界上最重要並且最信賴的存在。但孩子會反抗母親，該階段被稱爲「第一次叛逆期」，也就是嬰兒出生以後第一次呈現出的自我表達。所謂的自我表達，就是要表達自己與別人的不同。

出生以來，孩子都是在被母親抱在懷裡，或是跟在母親後面。可是到了一定階段，母親叫他「好好刷牙」、「自己穿衣服」、「乖乖坐著吃飯」的時候，他們會反抗地回答「討厭，不要」，這是心理發展過程中一種極其重要的變化。

獲得新的語言表達，能拓展他們的自我。也就是至今爲止都是在母親保護下成長的孩子，開始有自己的獨立的思維。經歷了「第一次叛逆期」，孩子又會開始順著母親的意，但是與以前不同的是，這是基於他們明白「拒絕是一種選擇」之上，自己所選擇的結果。他們的心胸已經變得更加寬廣了。

另一種情形是：還未能經歷「討厭，不要」這類心理語言表達、就經過了第一次叛逆期的孩子們，會變得怎麼樣呢？他們很難在社會上（尤其是與他人交往過程中）表達自己的想法。比如，在幼稚園就算自己的玩具被其他孩子搶走了，他們也不會說「這是我的，還給我」，因爲他們不知道「討厭，不要」這樣的表達方式。

大多數的孩子都會經歷「第一次叛逆期」的發展過程。之後，孩子們會獲得更多的詞彙，心胸也會更寬廣。可是接下來他們要面臨的就是人生的第二大階段：青春期（第二次叛逆期）。新語言是這個：

「**別管我**」。

這句話是在宣示「我不要和父母一起生活」。我們在青春期開始以這種方式自我表達，就意味了精神上的獨立。這一點也奠定了學業有成後經濟獨立的基礎。青春期的內容取決於之前所培育的親子關係。有的孩子吃完飯後會安靜地離開餐桌前的父母，回到自己房間。有的孩子則會和父母產生激烈的爭吵（有的時候甚至引發家暴）。不管是哪種情況，他們想表達的都是「這是我的事，別管我」的精神獨立宣言。

長大成人之後，到了二十五歲左右，我們會靈活運用社會上所有的語言表達方式，心理上進入穩定狀態。

可是長大以後，我們時常也會找到「新語言」。和別人談話時，會突然被對方的話語所打動，發現「原來還可以有這種表達方式」，或是當我們聽朋友跟自己訴苦時，也會打從心裡覺得「眞坦率，我要是也能這樣就好了」。這一點說明了，有時當我們不知道怎樣用語言表達自己的情緒時，有人爲自己代言說出心聲的感覺。

如果已經成年的我們，經歷過第一次叛逆期的「討厭，不要」和第二次叛逆期的「別管我」，那麼或許我們的人生還會再次迎來一次巨大的轉變。

其實，精神治療與心理諮商，就是一段探尋新的語言表達方式的過程。

也就是我們透過傾訴自己的方式，尋找到新的語言表達。

接受心理諮商的目的，就是在表達自己的痛苦心聲的過程中，能更明確地找到表達自我情緒感受的詞彙。至今爲止，因爲不知該如何自我表達而感到苦惱的人們，可以從中找到確切的表達方式。就在這瞬間，我們會突然覺悟到「原來這才是我想表達的」，並從中體會到自己的思路變得更加寬廣。

當我們發現了好幾種這類語言後，自然地這些語言就會在腦海中擴散開來、並就此落地生根。新的語言表達詞彙經過日積月累，其結果會改變統整我們一切語言的文法（syntax），最終我們的人生觀便因此改變。

在物理學上，有著被稱爲「自我組織」（self-organization）的一種概念。這是一種可以找到普遍性秩序的自然力量。這也就是說，各式各樣不同要素的互相作用下重新編整，最終自發性地建立秩序。舉個簡單的例子，就像雪的結晶一樣。在一定溫度下，大氣中的水蒸氣會自然形成美麗的六角形結晶。

另外根據研究，構成了遺傳基因的ＤＮＡ，是由稱爲核酸的基本組成要素，經過了幾億年不斷進行分子自我組織化的成果後，才形成了如今的精密構造。當我們提到更具普遍性的秩序時，以ＤＮＡ的角度來解釋，就是在這地球上更具有適應性、更具生存能力這一點。據說，大腦的神經細胞系統也是經由長期的自我組織化所建構而成的。

我認爲，心理諮商過程中的探尋新語言與重新編整詞彙，就是一段自我組織化的過程。更進一步說，這種力量甚至可以達到將神經迴路重組化的效果。

在心理諮商過程中，我們如果能做到自由傾訴自我，就意味著「自我組織化」的啟動。這是從潛意識中還未被語言化的情感層面出發，再從發現語言、將語言組織化形成句子、最後達到改變人生價值觀的過程。在心理諮商過程中這段過程是如何發生的，我們接下來便依序來探討這個問題。

透過傾訴自我，人會改變，自我的價值觀會改變。

人透過傾訴自我，能夠找到多少新的語言與文字脈絡，決定了傾訴者人生轉變的速度與深度。

我們能否協助好傾訴方釋懷暢談，取決於身為傾聽方的「傾聽力」。

（本書會提供各種具體案例。這些案例都是作者模擬虛構的，請諒解。）

第 1 章

為什麼被人傾聽能讓心情舒暢？

因為人之所以傾訴心聲，是為了得到支持

1.「傾聽的技巧」是指什麼？

得到了認同，才會感到如釋重負

在心理諮商／精神治療中，最有效的應該是讓個案藉由獲得傾聽而感到如釋重負。我相信在日常生活中有很多人都體會過這種效果。

比如這樣的開頭「我告訴你，最近……」，之後開始聊一些不順心、不開心的事，比如「我被A這麼批評，你說過不過分？」等等。傾訴者抱怨完以後會覺得心理舒服很多，然後忘記這些事。

傾訴者之所以覺得心情舒暢，是因爲他釋放了對A的不滿的同時，這樣的情緒也得到了認同。當然，我們不知道傾聽方是否贊同或反對A的想法，但至少由於傾聽方一直保持著沉默，才使傾訴方覺得自己的觀點得到了認同。這就是日常生活中的傾聽的效果。

不過對於靜靜傾聽方（諮商師）而言，心裡會積壓起一種不滿。之所以產生這種不滿，是因爲傾訴者對A的憤怒，無意中傳達給了傾聽方，尤其在傾聽方無法反應的時候，更加會有這種感受。

如果，傾訴方在抱怨完以後，向傾聽方問一句「你怎麼看？」，那麼傾聽方的不滿就會消失。傾訴方與傾聽方都會感到自在，對話也會順利地延續下去。

有種人善於「傾聽」，這種人往往是先靜靜傾聽，在傾聽的過程中適當地迎合對方說句「對啊」、「是有點過分」等等，這麼一來就不會產生不滿的感受。

能做到不回話、靜靜傾聽才夠專業

傾訴方與傾聽方的關係是「訴說—傾聽」，這一點是心理諮商中的基本關係。傾訴的效果，就算在日常生活當中，也和心理諮商的道理相通。

但是在傾聽的方式上，這兩者之間有所差異。最大的差異是在心理諮商的過程中，作爲傾聽方的諮商師不能迎合或回應對方，只能聽不能說。

爲什麼不能回應或迎合傾訴者呢？

結論是，這麼作會影響傾訴者的自我組織能力。（後續會解釋）

但是，光聽會使傾聽方（諮商師）心裡積壓起不滿感。尤其是在接受心理諮商的階段，一般提到的不會是什麼日常的瑣碎小事，而是更加沉重的問題。不斷傾聽著悲觀負面的話題內容，會讓諮商師容易對傾訴方（個案）產生類似於憤怒的複雜情緒。

在雙方面對面談話的過程中，傾聽方所感受到的憤怒情緒會無意中傳達給傾訴方。作爲傾訴方剛開始還能自由自在地吐露心聲，但過一段時間會逐漸發現「自己沒能得到理解」，如此一來心理諮商便會陷入泥淖當中。心理諮商中「透過被人傾聽而如釋重負」的效果也會隨之消失。

所謂「傾聽的技術」，就是讓諮商師在不積壓不滿感的情況下、靜靜地傾聽到最後一刻的一門技術。以傾訴方的角度而言，這是們讓他們敞開心胸、暢所欲言、激發自我組織開始運作的一門技術。

我認爲，我們可以說這是「善於傾聽」的極致技術。

2. 傾訴方之所以感到如釋重負，是因為傾聽方代表了全世界的認同

唯一的認同者

當我們傾訴煩惱時，如果自己的煩惱得到了認同，傾訴者的自責情感就會減緩；他們會感到「這樣的自己也不算壞」。這是當我們對人吐露心聲便感到如釋重負的最大原因。

相反地，如果我們不向任何人傾訴煩惱，只是一個人胡思亂想，大多會越想越痛苦。這麼一來我們便會不斷自責，認爲只有自己是個沒用的人。這種情緒的背後，是基於自己被他人嫌棄、被排擠所產生的孤立感與恐懼感。

比如說，過去曾有這麼一個案例。這是在母子單親家庭裡長大的十九歲女兒B。她努力用功，考上了理想的大學。進了大學以後，本打算好好享受一下大學生活，但她突然發現，周遭的同學都是生活富裕並且性格開朗的華麗女大學生，而自己卻一直煩惱於自己的個性內向、不愛表達自己、不善與人交往，性格

也不夠開朗，她因此開始自責。

她曾經跟高中好友這麼描述過「因爲我的家庭生長環境，使我的個性很內向。我恨自己的母親在我很小的時候就離婚了」。

如果她的好友能帶著理解的口吻回答她「原來是這個原因啊，妳辛苦了」。那麼B就會得到安心輕鬆，然後會自我調整，產生「算了，還是好好享受自己的大學生活吧」的想法。

可是，如果好友反過來勸她「母親一個人把你撫養長大非常辛苦，妳不應該恨她。事到如今妳更不該責怪父母」的話，B就無法釋下重負，煩惱反而會加深，她會因此變得更加自責、更加內向。

無論她的同學做出怎樣的反應，周圍的女大學生開朗、自己內向，這一點事實不會改變。可是，根據同學的反應，她的情緒會變得放鬆或是變得更內向。情緒得到放鬆，是因爲她找到了能理解自己、認同自己的人。無論我們有多重大的不幸或是煩惱，只要是與他人之間有所連結，我們就會變得更堅強，煩惱也會變小。相反地，如果我們什麼事都一個人孤獨地承受，人會變脆弱，煩惱會越來越大。

B小姐的傾訴對象是她的好友，雖然只是位好友，但得到了好友的認同，她就彷彿得到了全世界的認同。相反，雖然只是一位朋友，如果被這位朋友否定，她就會感到被全世界拋棄。對傾訴方來說，她擁有的這僅僅「一位」傾聽者，也就代表了全世界的傾聽者。身爲傾聽者的責任十分重大。

有一句話很流行，叫「大家一起闖紅燈就不怕」。確實如果一個人違反規則會被責怪，大家一起違反規則就不擔心會被譴責。如果是一個人，違反了規則就會自我譴責，並被所有人責怪，但如果大家一起違反規則，就會覺得規則是規則，只要沒事就沒關係，反而是合理的判斷，或許還可以當成一種主張。總而言之，只要大家的心意一致，就會讓人覺得心情輕鬆。

這其實就和將自己的煩惱向他人傾訴是相同道理。

只要有一個人認同自己，我們就會覺得大家都認同自己。就算只有一個人，也會讓我們有得到全世界認可的安心感，因爲這個世界上大多人的理解與認識彼此息息相關。就算在人生觀與政治信仰上有所差異，只要活在這世上，所有人便會藉著一種共通的基礎、理解、認識和彼此同意的事實，也就是「語言」做爲橋樑來相互聯繫。確認了這種聯繫的存在後，我們就有被理解認可的安心感。

3. 認同並傾聽的難題所在

讓「傾訴方」如釋重負的三大要件

從現在開始，我把使人放鬆的聽話方式稱爲「傾聽」。我曾說過，這種傾聽方式中包含了三大要件。第一是「認同並傾聽」、第二是「靜靜傾聽」、第三是「代表世界傾聽」。

我長年以來從事心理諮商商的教育工作，這項工作稱爲心理諮商的職業指導。我時常感受到「認同性的傾聽」難度有多高。一直聽對方說話，話中肯定會出現自己無法贊同的內容，因此會忍不住插嘴。在對話過程中，要求一個人光聽不說，幾乎是不可能的事。

更不要說「代表世界傾聽」這種說法，說不定會被認爲太過誇張。可是我們在希望自己的心聲獲得傾聽時，理所當然會選擇對象。就算只是日常生活中的小事，我們也會選擇傾訴的對象，也就是能理解我們心情的對象。如果是針對一些更深刻的煩惱，會更會審慎選擇。那時，對傾訴者來說，傾聽者可以代表全世界。

關於「認同並傾聽」的難題所在，我想借用案例來加以說明。

有否認才有認同

要做到認同並傾聽，作爲傾聽方首先必須理解認同與否認的兩個立場。也就是，對於對方所傾訴的內容表示。

①「我懂，沒錯沒錯，我能認同這種情緒」的心態。

②「你說的這些事太荒唐，我不能認同」的否認心態。

比如，當個案說「活著很累，我很想死」的時候，作爲專業人士的精神科醫生與心理諮商師，爲了包容、認同對方，首先必須理解這兩種心態。

也就是：

①「沒錯，如果感覺那麼痛苦，是會產生想死的念頭。」

②「就算這樣也別想不開，我們想辦法解決問題嘛！」

這兩種心態，就是認同與否認的心態。

如果有人說「我想死」，諮商師最多就是回應一句「是嗎？」，或是輕輕點點頭。這裡面包含了①「我可以理解這種心情，確實會這樣」外，也同時抱有②「我們應該解決問題，繼續活下去」這兩種認同與否認的心態。從個案的角度來看，如果能從諮商師的點頭回應中同時感受到這兩種情緒，會讓個案從中得到很強烈的安全感。

當一個人說出「想死」的時候，其實也是在表達「想活下去」的心情。我認爲，如果不想活著，就不會產生想死的念頭。

如果個案想死的念頭不得到認可，被勸導說「別那麼想不開，努力向前看」的話，個案會感到被否認，情緒會因此更加低落，還應該會後悔地想著「唉，要是沒（對這個人）說這些話就好了」。

但要是我們換個說法，只認同對方想死的念頭，回應一句「這樣確實很痛苦，就算想死也無可奈何」，那麼個案也會感到被否認，似乎自己受到遺棄，只能一死了之，情緒也會更低落。爲什麼會造成這樣的結果呢？我要再次強調：「想死」的情緒裡，也包含著「想活下去」的求生欲望。

針對在心理諮商中我們面對的最極端訴求「想死」，要眞正做到「認同並傾聽」的難題何在，我想讀者們應該明白了吧。

我之所以舉了一個比較極端的例子，就是爲了證實，不管我們面對的是哪一種傾訴內容，作爲諮商師，我們必須要先理解認同與否認的心態，才可能做到「傾聽」。如果做不到這點，我們會永遠擺盪於「局部理解」或「局部否定」的不穩定狀態中。諮商師心理不穩定的狀態，會在無意中傳達給個案。

無論我們聽到任何內容，都能保持著既認同又否認的兩面性，這需要很大的包容力。這可說是極其高難度的心理諮商技術。在培養諮商師的過程中，我作爲老師，會選擇將這門技術只教授給已經達到相當程度的學生們。

那麼，我最先教授的是什麼呢？是「靜靜傾聽」。在做到「認同並傾聽」前，我首先教授學員的是「請無論如何絕不插話，只要靜靜傾聽」。爲什麼從第二項開始教起呢，其中的道理我會在第二章裡敍述。

第 2 章

靜靜傾聽

堅持聽到最後，才會讓個案安心

從這章起，我們來具體地學習「傾聽的技巧」。「傾聽的技巧」分四個階段，我會在第三章具體介紹。第一個階段「步驟一」首先就是去聽、靜靜地聽。

1. 靜靜傾聽的技術——不插話、不提問、不給建議

總而言之，靜靜傾聽

如果能透過傾訴得到認同，人會感到放鬆。這樣的經歷也會使人得到改變。這就是心理諮商中，「傾聽」的本質效果。

「認同並傾聽」對於精神科醫生、心理諮商師、個案社工來說，是一門關鍵的技術。可是，我在上一章裡提到過，這門技術對專家來說也有著極高難度。

我從事心理諮商師的專業指導工作。諮商師的專業指導是指導諮商師的工作，並透過確認諮商師的治療方式是否正確、有沒有細心傾聽個案的話，以及是

否做出了正確回應等等的內容以後，進而輔導諮商師順利地進行心理諮商，也就是教會他們「傾聽的技術」，然後不斷地磨練、精進。

當諮商師來尋求我的指導後，便開始接受訓練教育。那時起，我會要求諮商師製作「逐字對話記錄」。

所謂「逐字對話記錄」，是指在心理諮商過程中的諮商師與個案之間的逐字對話記錄。進行記錄的順序是第一、在心理諮商的過程中，一邊聽著個案的闡述，一邊做簡單的筆記，當諮商結束以後，諮商師立刻按照自己的筆記，盡量正確並完整地復原個案與自己的闡述內容。一般來說，在五十分鐘的心理諮商中，會記錄下大約是A4規格的三到四張紙。專業指導會根據這些逐字對話記錄開始進行。

當諮商師剛來接受指導的時候，我不會教導大家「認同並傾聽」。在剛開始的階段，我只會教大家「保持沉默傾聽個案的話」。先做到了這一點，我才會繼續教導第二項「以認同個案的態度來傾聽」。

爲什麼是這樣的順序呢？因爲如果同時把「靜靜傾聽」和「認同並傾聽」教

授給大家的話，大家會不由自主地把重心放到「認同並傾聽」上。這是源自於我們想幫助別人、想爲他人帶來啟發的自然心理。尤其是夢想成爲心理諮商師的人，都帶有這樣的特質。這種特質確實也很重要。

可是，結論告訴我們，這會影響到「靜靜傾聽」的進行，之後會給我們帶來很多困擾。做不到「靜靜傾聽」，心理諮商就無法步入個案的內心更深處。

把「靜靜傾聽」設定爲「步驟一」，把「認同並傾聽」設定爲「步驟二」。透過接受專業指導從「步驟一」進入「步驟二」，最快的人需要花幾個月，而一般都要花一年以上的時間。

接下來就讓我來具體說明傾聽的第一門技術，「靜靜傾聽」。

乍看簡單、難度卻極高的「靜靜傾聽」

所謂的「靜靜傾聽」，就是除了傾聽以外，什麼都不做。儘管這聽上去非常簡單，但這在心理諮商中是極高難度的技術。作爲一位心理諮商師，如果你眞的能做到這一點，光是如此就足以稱你是位一流的專業人士。

「靜靜傾聽」的具體定義包括了以下幾點。

靜靜傾聽的三大原則

當個案開始說話以後，①絕不插話、②絕不提問、③絕不給建議。在個案把話說完之前，只是安靜地傾聽。

儘管這乍聽非常簡單，但實踐起來卻很有難度。只要你在日常聊天時嘗試一下，就會了解這有多麼困難。你能做到朋友或是家人跟你聊天，而你卻不插話、不提問、不發表意見，只是點頭傾聽嗎？

如果要把「靜靜傾聽」定義得更具體一點的話，就是**不去做**以下幾件事：

靜靜傾聽的四大禁止事項

①不插話表示支持、認同。

不表示同意對方觀點，比如說「我也這麼認爲」等。

②不複述、重複、總結。

不總結個案敍述的重點，不作答覆。

③不明確化。

個案沒意識到的部分，諮商師不用別的語句提醒、指出重點。

④就算有沒聽清楚的地方，也不要反問。

總而言之，就是一直保持沉默地傾聽。

幾乎所有人都會插話

每次在對諮商師進行輔導的時候，我都會不斷強調「什麼也不要說，只要聽」。可是，每次看到學生們帶來的逐字對話記錄，我發現絕大多數人都做不到這點。人就是會忍不住插話。以某個案例來說，是這樣的情況。

以下是某次心理諮商中對話記錄的一部分。

個案爲AB，諮商師爲Co。

AB：說實話，我覺得很痛苦，總是提不起精神……上星期四月七日是我母親的忌日，我下午請了半天假去掃墓。然後我回憶起很多以前的事。我母親晚年是個獨居老人。每到週末我會……回老家幫她做些家務。因爲那時候我母親已經行動不便，沒法單獨出門買東西。每次我都會說：「我去幫你買」。可是母親總是回答我「沒關係」。可是看著她提著那麼重的東西很辛苦……她年紀那麼大了還那麼客氣。想到這點。唉……要是能幫到她更多一點就好了，但我沒能做到……（後略）

Co：是嗎？那眞的很讓人難過的。你的母親眞偉大。

AB：對，可是我還是要振作起來，這星期我決定打起精神、全神貫注地工作，從週一開始又繼續加油。

Co：你盡力了，很了不起，你做得很不錯。

看到這裡，是不是覺得這是段很普通的對話，諮商師也認眞地傾聽了個案的闡述。可是很明顯地，這位諮商師違反了靜靜傾聽的三大原則中的第一條「絕不插話，一直保持沉默，讓對方將話說到最後」。

如果想好好聽對方說的話，並表示感興趣的話，不管是同意還是反對，人都會忍不住插話。

同時要對個案保持關心，可是又絕對不能打斷對方的話——這兩點是彼此矛盾、背道而馳的，但是我們身爲諮商師卻必須做到這一點。

忍不住提問

以下是第二條原則。

關於「絕不提問，靜靜地把話聽到最後」，我們也來舉例說明。
個案爲AC。諮商師爲Co。

AC：昨天發生了一件很糟的事。在下班的路上，我在○○站轉車。那時候特別擁擠，我也急著離開，於是不小心撞到一位陌生男士的肩膀。沒想到被那位男士破口大罵（你這白癡，眼睛長哪裡？）。那時候，我只顧著撿起自己的東西，沒太在意。可以回過來想想，越想越委屈，忍不住掉眼淚……

Co：是很過分。不好意思，我沒聽清是發生在哪個車站。
AC：啊！嗯，嗯……是新橋站。

越投入地聽對方說話，越會重視聽不清的地方，於是越會想去確認。可是，作爲諮商師絕對不能提問。個案想表達的是「被陌生人指責，覺得很心酸很委屈」的情緒。不管這是發生在哪個車站，新橋也好、新宿也好、品川也好、涉谷也好，都無關其本質問題。

如果我們在這裡提問，個案想尋求對方理解的情緒會被打斷，結束得不完整。這麼一來，個案就體會不到「找到了傾訴對象」的安心感。心理諮商的效果不光是減半，還會失去個案的信任，讓對方覺得沒有獲得理解。

忍不住提出建議

傾聽技巧的第三條原則：「個案講話時絕不提建議，靜靜地聽到最後」是指：當個案感到困惑時，不能勸導說「這麼做比較好」、「別這麼想，要這麼想」等等。

個案爲AD、諮商師爲Co。

AD：我老公有酗酒問題。他喝醉了回來就發脾氣，砸東西……把三歲的女兒叫醒、發脾氣。昨晚在家談到家用的問題，他又開始發脾氣說「妳嫌我賺太少嗎？」，叫我把工作辭掉。說實話，要是他每次好好給錢的話，那就沒問題。但是，說是生活費，他給的家用根本就不夠，我也不想馬上辭掉現在的工作。我照實這麼告訴他，卻遭到他的家暴。我抱著女兒，他就不停地打我的臉，臉被打了也沒法去上班……我抱著女兒……（淚）。（中略）我們結婚四年了，現在我考慮跟他離婚。說實話，我娘家的情況也很麻煩，沒辦法回去，也沒其他能去的地方……（沉默）。

Co：實在太過分了。你先生是什麼時候開始家暴的？

AD：結婚不久後。他在婚前很體貼。

Co：家暴很嚴重，是有辦法可以讓你帶著女兒離開的，你聽說過嗎？有種服務對你這樣的處境有幫助。

AD：聽說過……

在心理諮商過程中，絕不能提建議。理由是提出建議會剝奪心理變化時發出的信號。在這個案例中，AD小姐因爲遭受家暴而煩惱了四年之久，也知道有家暴受害者的救援機構，這就充分說明了一點：她曾多次考慮過離婚並帶著女兒離開。

可是至今她也沒辦法下決心，這就表示她一定存在著深層的心理問題。如果人不面對自己的問題，就不會採取行動。如果被他人提出建議，人就等於被剝奪了面對自己的機會。這會干擾到尋求心理諮商的真正目的——創造「梳理情緒、重新找到勇氣」的機會。

這一點接觸及了心理諮商的核心技術。我在「傾聽糾葛」（第五章）中會再詳細說明。

2. 在插話與靜靜傾聽的狀況下，敘述內容上的差異

以焦慮症發作的四十歲女性案例來作比較

到底不插話的靜靜傾聽有什麼意義，我們藉由三個簡短案例來分析看看。

以下是段稍長的案例。心理諮商的治療時間一般來說一次是五十分鐘。我們把它成稱爲「療程」（session）。每次療程大約五十分鐘。從諮商師（A）插話的狀況與（B）靜靜傾聽的狀況，我們來分析看看，個案在敍事內容上會有多大的差異。藉此我們可以從中發現諮商師傾聽方法的差異。先從結論來說，兩者的差異就是以下**表1**中所總結的內容。

表1 （A）插話的狀況與（B）靜靜傾聽的狀況兩者之間的差異

（A）插話的狀況下	（B）靜靜傾聽的狀況下
個案的敘事停留在表面的淺層上，內容也停留在個案至今為止單獨思考的範圍內。	個案敘述的煩惱層次更深，並發現自己以往所不了解的自我、找到可成為康復契機的語言。
諮商師不保持沉默，中途插話，會導致整個過程成為問與答的單元（療程）。也就是說，個案的敘事內容會在無意中被治療師、諮商師的提問與意向所限制。這會阻礙個案探索、發掘新語言的潛能。	因為個案內心的煩惱往往是和人的基本觀念相通，所以提供自由的敘事空間，能使當事人的意識得到自然的深化，同時也將本人都未發掘的潛意識語言化，以至於發現解決問題的出口。

下面這個案例的個案是YS，她是位四十歲女性，結婚第六年，和比她小兩歲的丈夫一起生活，沒有生育孩子。兩人各有自己的工作。她在諮商專案表上的「你有什麼困擾？」一欄中，非常認眞地回答了「因爲焦慮，有定期接受精神科複診，但是症狀得不到改善，所以想同時接受心理諮商的治療」。

首先，我們介紹一下（A）諮商師不斷插話的場景。在這裡，諮商師不遵守「傾聽的四大禁止事項」，不斷插話。所謂的「四大禁止事項」是指：

①不插話表示支持、認同；

②不複述、重複、總結要點；

③不明確化：就算有沒聽清楚的地方，也不要進行確認。

以下的案例中個案爲YS。諮商師爲Co。

（A）如果諮商師中途插話，個案的敍事內容會因此變得表面化。

Co：你好，我是諮商師K。你因爲焦慮症發作而感到困擾是嗎？具體情況如何呢？

YS：現在我定期看精神科，也有在服藥。但是怎麼樣也不見好轉。我第一次焦慮發作是在兩年前，症狀較輕的發作是一週三、四次。症狀較重的發作大概一個月一次。發作時我感到呼吸困難和噁心，不知道該怎麼辦。我在上班坐車的途中感到不舒服，就立即下車，在車站來回走動，坐在長椅上休息一下，等過了十分鐘左右痛苦才會緩解。我感覺呼吸不到空氣，這讓我有點害怕……（短暫的沉默）

Co：這確實挺難受的。精神科醫生怎麼說的？

YS：醫生說是恐慌症。服藥能緩解一時，但已經有一段時間了。我把這些事告訴了一位正在學心理學的朋友，朋友說服藥固然重要，但最好還是接受心理諮商。我就來了。我覺得我症狀發作的根源，是兩年前我在公司裡突然昏倒開始的。我上班時突然覺得頭暈，連站都站不穩，當時就立刻叫了救護車，把我送到醫院住院。

但是我做了各種檢查，結果也沒能找到明確原因。醫生說，或許是因爲慢性疲勞而導致的輕度狹心症的發作，需要繼續觀察。我因此住院大概兩週的時間。

Co：沒檢查出什麼大病就好。焦慮發作是這之後的事吧？

YS：嗯，我出院復工不久，開始在上班途中發作。我工作很忙，做都做不完，自己本身處理工作也比較慢。上司基本不做事，總是把工作推給我。我怕做不完會給其他部門的同事添麻煩，所以每天一直加班。

上司和身邊的同事一到時間就下班，我總是一個人留下來加班。下班的時候上司對我說一句「YS，加油！」。上星期上司要求我去參加供應商的會議。我雖然沒說出口，但我心想「爲什麼是我？我又不是負責人」。我擔心之後會被指責沒考慮到公司的利益。爲什麼總是我……是不是我好欺負，還是被看不起……（短暫沉默）

Co：妳是人太好。不好意思拒絕別人這樣是挺令人難受的。

YS：嗯，我有種怪怪的責任感，覺得我不做不行。就算我再忙再辛苦，也要加油。可是我想到自己老被推卸工作，總是覺得心裡不舒服……工作做不完，讓我感到很疲憊、睡也睡不好，上班覺得好累。眞想離開這個環境。我還不至於想死……但是疲憊不堪。我盤算著要是能快點從這世界解脱就好了。在上班途中的車站上，我有時不由得想往下跳，但馬上意識到很這種狀態很危險……我今天早上心裡也浮現出這種念頭。

Co：這確實很令人難受。你的工作那麼繁忙，這會造成你的疲勞。你跟主治醫生商量一下，請他幫你開一張診斷書，讓你請假休息幾天怎麼樣？等到妳狀態好轉了，再來針對工作環境作調整。我會盡力幫你。就算妳有想死的念頭，也絕不能尋短見，情況一定會好轉。

YS：嗯，謝謝。下次我會和診所的醫生商量……可是我休息的話，工作會越積越多……給周圍人添麻煩……

Co：別擔心，只是病假嘛。工作方面交給公司就好。就這麼決定吧。在家好好休息。你的問題肯定是長期疲勞造成的。

YS：您說得沒錯。我眞是很差勁。我沒有自己的主見、太軟弱。工作上也是這樣。我在家也常對丈夫感到煩躁。今天早上也和他吵架，一邊覺得很焦躁就出門了。平時我們兩個人都忙各自的工作，情況還好一些，但到了週末，我們兩個人就很難和平相處。

丈夫看電視，吃東西，一整天想幹什麼就幹什麼。平時兩個人都有工作，明明約好打掃廚房、浴室、整理院子這些家務一起分擔的，但實際上他根本沒做到。他一邊說晚上睡不著，一邊又看電視看到大半夜，這點也讓我感到煩躁。

現在我們睡在同一個房間，晚上我睡不著，他卻在旁邊不安靜。我建議分房睡，他卻不同意。好像在他心目中，我就是個全職媽媽，必須照料他生活的一切。當我忙的時候，他就光看著我做飯，也不動手幫個忙。我就連在家都沒辦法好好休息。

Co：確實有這種男人，我懂。YS，妳辛苦了。不光工作累，在家也累。妳還是休息一段時間吧。

YS：或許是吧。謝謝。但是爲這點小事休息是不是有點怪？比我更痛苦、更努力的人有那麼多。我覺得是自己還不夠努力。我眞是沒出息。不行，我得要更堅強一點才行……

Co：別這麼說。妳已經很努力了。妳的疲憊差不多積壓到了極限。我覺得妳或許不光是焦慮症，還有憂鬱症。這種情況下，您需要散散心，讓自己得到充分的休息。

YS：是嗎？我還是需要休息……但是我睡不著，容易胡思亂想。

Co：妳可以跟自己的主治醫生商量一下，是否可以用藥物來控制。

YS：好吧，我去問醫生看看。

Co：就這麼做好了，這樣我也比較放心。差不多時間到了。如果妳有需要可以再來找我。妳累壞了。

YS：感謝您提供了很多建議給我。我找醫生問問……我會加油。

怎麼樣？

是不是一段很普通的心理諮商的對話場面呢？光從次數來說，YS小姐說了十句話，諮商師也說了十句話。我們把這段對話放在腦子裡，接下來繼續看

（B）做到靜靜傾聽下的對話，並將這兩者之間做個比較。

（B）不插話傾聽的場面，個案傾訴內容變得深入。

Co：妳好，我是諮商師K。今天妳想諮商什麼？

YS：現在我定期看精神科，也有在服藥。但是怎麼樣也不見好轉。我第一次焦慮發作是在兩年前，症狀較輕的發作是一週三、四次。症狀較重的發作大概一個月一次。發作時我感到呼吸困難和噁心，不知道該怎麼辦。我在上班坐車的途中感到不舒服，就立即下車，在車站來回走動，坐在長椅上休息一下，等過了十分鐘左右痛苦才會緩解。我感覺呼吸不到空氣，這讓我有點害怕……（短暫的沉默）

兩年前，我走在銀座的大街上，突然間人格解體的症狀發作。我周圍的景色突然變成了灰白色，我的動作也變得緩慢。我感覺自己是從斜角的高處看到這一切。這個情況持續了二、三十分鐘。我也不懂這是不是發作。醫生說是恐慌症。服藥能緩解一時，但已經有一段時間了。我把這些事告訴了一位正在學心理學的朋友，朋友說服藥固然重要，但最好還是接受心理諮商。我就來了。

我覺得我症狀發作的根源，是兩年前我在公司裡突然昏倒開始的。我上班時突然覺得頭暈，連站都站不穩，當時就立刻叫了救護車，把我送到醫院住院。但是我做了各種檢查，結果也沒能找到明確原因。醫生說，或許是因爲慢性疲勞而導致的輕度狹心症的發作，需要繼續觀察。我因此住院大概兩週的時間……（短暫沉默）

我住院當時還不知道病因，後來當我接受檢查時，身體動彈不得，也沒食慾。躺在床上一直盯著天花板。不過那時有種「病倒被救」的感覺。但不可思議的是，同時也有一種一切就這麼結束了的奇怪安心感。不過出院後沒過不久，我一復工就開始在上班途中發作。

我工作很忙，做都做不完，自己本身處理工作也比較慢。上司基本不做事，總是把工作推給我。我怕做不完會給其他部門的同事添麻煩，所以每天一直加班。上司和身邊的同事一到時間就下班，我總是一個人留下來加班。下班的時候上司對我說一句「YS，加油！」。

上星期，上司要求我去參加供應商的會議。我雖然沒說出口，但我心想「為什麼是我？我又不是負責人」。我擔心之後會被指責沒考慮到公司的利益。為什麼總是我……是不是我好欺負，還是被看不起……

（短暫沉默）

嗯，我有種怪怪的責任感，覺得我不做不行。就算我再忙再辛苦，也要加油。可是我想到自己老被推卸工作，總是覺得心裡不舒服……工作做不完，讓我感到很疲憊，睡也睡不好，上班覺得好累。眞想離開這個環境。我還不至於想死……但是疲憊不堪。我盤算著要是能快點從這世界解脫就好了。在上班途中的車站上，我有時不由得想往下跳，但馬上意識到很這種狀態很危險……我今天早上心裡也浮現出這種念頭……

但是，我有想死這個念頭，這並不是第一次，以前也有過。為什麼我要承受這些活著呢？一想到這些，我就會嚴重耳鳴。現在我耳鳴已經好了很多，但每天還有一半的時間會耳鳴。我疲倦時耳邊會聽到一陣刺耳的鳴響。

上個星期，我半夜醒來，突然感到一陣恐慌。好像是又要發作了。我當時很緊張，害怕突然呼吸困難，心臟跳動停止。但我心裡明白。這種症狀不是心臟血壓的問題，而是精神壓力和緊張造成的……但我還是量了血壓，血壓當然正常。我一個人苦笑了一番，心情得到了調適，接著就睡著了。

Co：這樣可以放心了。

（YS展露微笑）

YS：工作上也是這樣。我在家也常對丈夫感到煩躁。今天早上也和他吵架，一邊覺得很焦躁就出門了。平時我們兩個人都忙各自的工作，情況還好一些，但到了週末，我們兩個人就很難和平相處。

丈夫看電視、吃東西，一整天想幹什麼就幹什麼。平時兩個人都有工作，明明約好打掃廚房、浴室、整理院子這些家務一起分擔的，但實際上他根本沒做到。他一邊說晚上睡不著，一邊又看電視看到大半夜，這點也讓我感到煩躁。

現在我們睡在同一個房間裡，晚上我睡不著，他卻在旁邊不安靜。我建議分房睡，他卻不同意。好像在他心目中，我就是個全職媽媽，必須照料他生活的一切。當我忙的時候，他就光看著我做飯，也不動手幫個忙。我就連在家都沒辦法好好休息。

雖然我對這一切很反感，但是也覺得自己得要妥善處理這些事。只要有人拜託我幫忙，我就很難拒絕。我想把每件事做好，但是做不到，所以很痛苦。我從小到大都是這麼努力過來的。

最近，我一直沒和母親見面。我父母生活在A市（東北地區）。我母親是一個粗枝大葉、不計較小事的人。我小時候經常被母親罵。我還曾經在大冬天的晚上被趕出家門。我父母之間關係不好，總是吵架。我覺得母親很可憐。現在我才明白，原來母親粗枝大葉的生存之道，或許是她非常努力才辦到的。

我很想見她，但是作爲一個沒出息的女兒，我覺得自己沒臉見她。

我很痛苦……不行……我已經對很多事感到精疲力盡……（淚）。我活不下去，我好累……（淚）。

Co：是這樣嗎？辛苦妳了。差不多時間到了。

聽了妳的這段話，我覺得妳從小在家就忍耐過很多事，時時刻刻都有種緊張感。這種緊張感影響到了妳現在的人際關係，妳強迫性地覺得「什麼都要做好」。有種「要是做不到怎麼辦」的恐慌感。

如果妳能充分理解自己長期抱有的緊張與恐慌的本質，這種恐慌情緒會自然變弱。當妳理解自己，就會對妳自己產生一股安心感。妳對自己的評價會變高，隨後妳的恐慌感也會一口氣變弱。恐慌症狀的發作也會治癒。以後也請妳一點一滴地對我訴苦，好好地整理情緒。如果妳願意的話，請再來找我看診。

YS：謝謝。我說了很多想說的話，覺得很舒服，感覺輕鬆不少。我還會再來。（YS小姐流露出溫柔的笑臉）

被靜靜傾聽後，會發現過去未知的自己

我們將（A）插話的狀況與（B）靜靜傾聽的狀況之間加以比較。爲了強調之間的差異，我做了一些調整，但與現實發生的狀況差異不大。

這兩者之間最大的差異在於個案的滿足感。

對中途插話的（A），個案的回答是「感謝您提供了很多建議給我。我找醫生問問……我會加油。」我們可以從個案的「我會加油」這句話當中，感受到她的緊張感。她明明是已經疲憊不堪，到了無法加油的狀態，才引發了恐慌症發作，前來尋求治療，這建議卻使她再次意識到自己的努力還不夠，是不是有點殘酷呢？

而在另外一種狀況下，對於做到了靜靜傾聽的（B），個案的回答是「謝謝。我說了很多想說的話，覺得很舒服，感覺輕鬆不少。我還會再來。」我們能從中感受到個案的內心如釋重負。

如果傾聽方中途插話，會導致傾訴方的傾訴內容受到諮商師的提問與建議來

限制並且表面化。在諮商師＝個案的關係中，個案會不經意地迎合諮商師的意向來傾訴自我。說得極端一點，就是傾訴內容不會超過諮商師的興趣範圍。

但如果傾聽方能做到不插話，個案也就不會迎合諮商師的意向闡述心情。這麼一來個案便能夠暢所欲言，表達出甚至出乎自己預料的言詞。

在（B）的對話中，出現了很多（A）對話中沒出現的場面。

首先是個案走在銀座大街上時所發生的「人格解離」體驗。或許YS小姐已經體會到自己的恐慌症與人格解離之間有關。平時生活中她可能沒想這麼多，但說著說著，她自己察覺到了這點。

第二點，是當她住院時，「病倒被救」的部分。因爲諮商師沒有插話，聽到了個案住院時最刻苦銘心的體驗。這個部分應該也是連個案本人都沒預料到自己會說出來的片段。

第三點，是她半夜醒來，感到恐慌症就要發作，覺得非常不安的情況。YS小姐主動爲自己量了血壓，呈現出「但我心裡明白。這種症狀不是心臟血壓的問題，而是精神壓力和緊張造成的……但我還是量了血壓。血壓當然正常。我一個人苦笑了一番，心情得到了調適，接著就睡著了。」的場面，也就是因為個案即時調整了心態，恐慌才沒發作。「苦笑」就是調整心態的表現，其實這就是恐慌症的解決方式。

今後，透過持續的心理治療，個案這種自我心態調節的體驗會固定出現在日常生活中，達到治癒恐慌症的效果。測量血壓的情況在（A）的對話中沒有被說出口。在與諮商師的一問一答的對話方式中，是無法找到這種「解決預告」的。可能你會覺得不可思議，但問題的全方位解決方式，往往是在第一次的心理諮商中發現的。

人如果能暢所欲言，內心就會自然地深入到更深的層次。這也是日常生活中無法反思到的「無意識」層次。這個部分是連自己都沒發覺的各種狀況與語言的結合。如果這部分能得到整理，就會帶動組織化的發生，最終達到有意識準備並解決的狀態。這就是大腦的自我組織化，而傾聽能促使其發生。

要闡述就連他自己都不認識的自己，光靠個案單獨一人是做不到的。他需要聽的對象，一位不插話能靜靜傾聽自己的對象。

這可能是筆者的想像，傾聽與傾訴或許和坐禪、冥想之類的活動類似，也是一種發現另一個自己的方式，但坐禪、冥想可以單獨完成。

傾聽是種讓人發現另一個自己、重新創造自己的方式。所以其最基本的技術就是不插話，只是靜靜傾聽。這是一門透過心理諮商改變生活方式的核心技術。

第 3 章

認同並傾聽

只有理解煩惱的本質，才能發自內心認同並傾聽

1. 傾聽的技術分四步驟進行

傾聽的技術——四大步驟

這本書將聽的技術分爲四個階段介紹給大家。步驟一是在第二章介紹的「靜靜傾聽」。

接下來，在第三章裡，我會解說步驟二的「認同並傾聽」。

首先，我要將傾聽技術的四個步驟一次加以介紹。（見表2－1）

表2－1　傾聽的技術——四大步驟

聽的技術	內容
步驟一：靜靜傾聽	嚴格遵守靜靜傾聽的三大原則和四大禁止事項。
步驟二：認同並傾聽	將煩惱加以分類（診斷）的同時，認同其敘事內容並加以傾聽。

步驟三：傾聽情感	注意個案的情感層次，讓自己的情感配合其層次傾聽。
步驟四：傾聽糾葛	聽出無法解決的矛盾，促進個案自我組織的能力。

這四個步驟是我在指導諮商師時所排出的順序。這道順序和個案的康復過程是同一道順序。

傾訴使得個案脫離日常生活、暢所欲言，並自由表達（這是所謂步驟一）。自由表達能使當事者蹦出一些日常生活中不經意的場面和從未使用過的語言。比如，從「已經忘得差不多了，可是突然又想起來了」、「那時候被這麼一句話傷到了」開始，到「不知道怎麼表達，心裡覺得不舒服」、「感覺心裡的重擔放下了，可是不知道理由」，這些說法都是自由表達的證明。

步驟二是對個案所說的內容先予以認同再傾聽。如果個案所說的內容能被認同，會給他們帶來「在這裡無論說什麼都會被理解」的安心感，這就更加速了他們的自由表達，並且從表達中發現更多的新語言。

但是，對於諮商師來說，「認同並傾聽」與「靜靜傾聽」的難度一樣高。至於難在哪裡，我會在這章當中說明。

接下來，步驟三是「傾聽情感」（第四章）。當我們能聽出個案纖細的情感流動，便能使個案自身從「步驟一」與「步驟二」中發現自己新語言的含義。當這些互相串連起來之後，最終個案會深刻明白發生的一切。這是語言與情感交融而達成的「衷心接納」的境界。

最後，在步驟四的「傾聽糾葛」（第五章）中，我們會直接面對發生苦惱的根源「內心的糾葛」。我們會意識到，人的煩惱絕大多數是從這點所引發的。最終個案的生活方式會改變，煩惱會因此消失。

中途插話，是因爲不能發自內心認同

那麼，我首先教大家的，是步驟一的「靜靜傾聽」。可是，我之前曾提到，要磨練好這門技術至少要一年的時間。

我已經從事心理諮商師的教育工作十五年了，說實話，在教完步驟一之後，實踐過程中嚴格遵守了「三大傾聽原則和四大禁止事項」的諮商師，一個也沒有。

儘管這聽來似乎在戲弄大家，但是其實一開始我就是抱著「反正你們也做不到」的覺悟開始指導大家步驟一的。我的目的是想讓大家體驗「忍不住地想插話」的感受。我可能眞是在戲弄大家，希望大家不只是一次，而是二次、三次地體驗這種感受。

藉此，我們可以從這個角度開始分析：爲什麼我們會忍不住插話。我們之所以做不到靜靜傾聽是有理由的。

在歷經多次插話的反覆失敗後進行檢討，我們會發現其中有幾個原因。當中最大的原因是「不能認同個案說的話」。

到了這個階段，我就會指導大家步驟二：「認同並傾聽」。

2. 你能做到認同並傾聽嗎？

從下面這個案例，我們來分析一下「只有傾聽」與「認同並傾聽」之間有何差異。

否定個案的生存之道

個案爲SS。她是位三十五歲的主婦，性格認眞、內向。（Co是諮商師的發言。）

SS：我是領時薪的打工族。每天和四、五個人一起吃午餐，對我來說午餐時間很不好過。我感覺自己無法融入到大家的話題裡，有點被孤立。周圍的人也不會主動和我說話，我感到很尷尬、很緊張。如果可以的話，我希望最好能一個人坐在公園的長椅上吃午餐……可是，顧慮到人際關係的問題，最後我還是得和大家一起吃。

我把這些事告訴了認識很久的老朋友，朋友說我「妳總是不說話，不聊自己，周圍的人也不知道你在想什麼」。他還說，有時他也忍不住想問「妳到底在想什麼？」。那個朋友還告訴我，和我在一起有時會感到煩躁……（SS沉默地低下頭）。

Co：是這樣啊，這是挺令人難過的。不過，這也沒辦法。只要妳自己覺得「我就是我」就可以了，別那麼在乎周圍人的看法，根據自己的節奏來就可以了。

SS：對，可是我做不到這點，實在是不行。

這段過程中，諮商師給了建議。SS小姐沉默地低下頭的時候，諮商師沒能沉住氣，中途插話了。

針對SS小姐的敍述「和別人一起吃午餐覺得很尷尬很累」，諮商師的回應是「別在意這些」。看上去好像是在鼓勵SS，實際上是否認了SS小姐的敍述。

也就是說，對SS小姐「和別人在一起覺得尷尬」的敘述，Co提出的建議是「別爲這麼小的事煩惱，自己想怎樣就怎樣」。這個建議傳達給對方的資訊是「爲這麼小的事煩惱的你，太沒出息、太沒自信」。聽到這句話的SS小姐回覆說，「可是我做不到這點，實在是不行」。SS小姐被否定，開始自責。Co這樣做並不是傾聽。

可能是因爲諮商師聽了SS小姐的敘述以後，覺得自己聽不下去，心想「這種事很正常，要是總因爲這些事而煩，那還怎麼活。只能不多想，過去就過去了」。這些都是諮商師的意見（人生觀），而這否定了SS小姐的生存之道，所以，諮商師忍不住插話提出建議。

諮商師之所以會插一些多餘的話，我在思索理由時發現，幾乎所有人都是和這個案例一樣「不能認同個案說的話」，也就是不能認同個案的想法與生存之道，越聽越難受和心急……然後就開口插話。

諮商師發現了自己插話的眞正原因後，情緒會極度低落。不光是意識到自己沒能做到步驟一，還否定了個案……這就是傾聽修行的第一道難關。

受困於難關上是很重要的過程。歷經難關會更加深化自己的傾聽力，關於這點之後我會再加以敍述。在這之前，如果一開始諮商師就帶著認同SS小姐的態度來傾聽，SS小姐會有什麼樣的反應呢？我們來看一下。

認同的態度會傳達給對方

以下是同一個狀況下的對話。

SS：我是領時薪的打工族。每天和四、五個人一起吃午餐，對我來說午餐時間很不好過。我感覺自己無法融入到大家的話題裡，有點被孤立。周圍的人也不會主動和我說話，我感到很尷尬、很緊張。如果可以的話，我希望最好能一個人坐在公園的長椅上吃午餐……可是，顧慮到人際關係的問題，最後我還是得和大家一起吃。

我把這些事告訴了認識很久的老朋友，朋友說我「妳總是不說話，不聊自己，周圍的人也不知道你在想什麼」。他還說，有時他也忍不住想問「妳到底在想什麼？」。那個朋友還告訴我，和我在一起有時會感到煩躁……（SS沉默地低下頭）。

Co：是嗎？（心裡想：我也有過類似的經驗）

SS：被朋友這麼一說，我也想了一下。爲什麼自己總是那麼被動、那麼沉默寡言……仔細想想，我從很久以前開始就是這樣……（繼續）

當然，諮商師的「我也有過類似的經驗」這個念頭是放在心裡，沒有用語言表達出來。可是這種態度會在無意中傳達給了SS，讓SS感到了「自己被理解了＝得到了認同」。

重要的是，因爲諮商師認同了SS小姐，SS小姐開始從正面來面對自己的煩惱。這就體現在SS小姐對Co說「爲什麼自己總是那麼被動又沉默寡言」的一番話上。或許，「被動的生活方式」是長期困擾SS小姐的核心問題。這麼一來，心理諮商上便會有進展。

在第一種狀況下，沒能得到認同的SS小姐會開始自責，這就很難促進心理治療。

那麼，我們又會回到身爲諮商師的第一大難關。

如果無意中插了話，該怎麼辦？

看到因爲無法贊同對方，而沒能做到沉默地傾聽到最後，導致中途插話的諮商師會感到情緒低落，甚至會覺得自己是個不夠資格的傾聽專家時，我會在心裡暗暗鼓勵「這樣很順利，會感到情緒低落，就說明作爲一名傾聽專家正在成長，加油！」。當然我不會把這些放在嘴上。

對於已經體悟到自身問題的諮商師們，我會教導他們關於某些問題的對策。其處置對策有兩種。

①對症療法，是感到低落、就此放棄，然後自覺到聽不下去的瞬間。
②根本療法，是對煩惱的本質進行分類，然後設法預測解決方式。

對策①放棄傾聽

所謂的放棄是指抱著「聽不下去，我是個沒用的諮商師」的低落情緒，傾聽個案的傾訴。

雖然我用的是「對症療法」這個詞，但其實這是門重要的技術，希望大家能掌握好這門技術。為什麼我這麼說呢？因為諮商師未必都能做到認同個案。在這種情況下，如果掌握了這門技術，就能接受包容自己聽不下去的瞬間：也就是當你從自己意識到「啊，這個內容，我聽不下去，沒辦法認同，不行了」的瞬間，慢慢轉變成忍住不發表意見，只在內心想著「放在心底、沉默下去」的時候。如果你身上出現了這種變化，就是位合格的諮商師。

掌握了放棄的技術，會意識到自己有些陷入對個案過度同情的狀態。過於認同也會導致無意插話，會想說「沒錯沒錯，我理解這種感覺」什麼的。不管是無法認同還是過度認同，首先都需要意識到自己沒能冷靜地聽到最後，因爲認識放棄，才會認識到自己「沒能靜靜傾聽」的事實。

說盡怨言後，就會如釋重負

在心理諮商的過程中，並非每次都有新的發現和進展。有的時候，個案的心理活動會停止，迎來「不停抱怨」的時期。在這種情況下，諮商師能否做到好好傾聽，也是一種挑戰。

如果做到了放棄，諮商師是能傾聽個案到最後的。

同時個案也能說盡自己的抱怨。

抱怨是指，明明知道事情無法解決，但還會反覆不斷老調重彈的過程。這乍看是件荒唐透頂、沒有任何生產力的行爲，但從傾聽的角度來看並非如此。徹底地抱怨能使人的內心得到釋放，人會因此發生改變。當然要能抱怨得徹底，就表示要有人聽得徹底。

我們來引用案例分析一下：

個案是位三十八歲的男士KB，他是獨自生活的公司職員。在某天的心理諮商中，他低著頭來到櫃檯，沒有打招呼。他直接掏出預約卡，坐在候診室裡。等時間到了，他走進諮商室後依舊低著頭，接著開始以下的敍述。

KB：我還是提不起精神，每天都很憂鬱、很難過，什麼都不順利。我嘗試過努力看看，但結果還是沒遇到好事。我的工作很垃圾，是個可有可無的倉庫管理職位。上司很沒用，根本不會做事、很無能。我建議過公司應該改變以往的倉庫管理方式，但我遇到的反應卻是：「只要按照公司以往的作法就好。其實那種作法效率非常低。

我以前也建議過一些新的管理方式，但是都沒得到認可。這樣的公司根本沒前途，我也做不下去了，我好想辭職。但想想，一旦我辭職就沒法生活，每天只能忍耐著去上班。我也知道這一點意義也沒有。當然我很努力工作，並且操作都很熟練。可是大多時間，我還是覺得這些工作根本沒意義。

倉庫管理只有我跟搭檔兩個人。工作很閒，讓人沒幹勁。我的搭檔總是偷懶看手機。我說「喂，快做事」，他就會動一下。但是才過一下又回去看手機。就因爲他這種工作態度，我們的貨品處理不過來，我還會被銷售人員指責。我又不是部門負責人，但卻得被責備。我把這些情況對上司報告，上司只會回答：「好的好的，他這個人是有點拖拖拉拉的」，根本不懂裝懂。

就算是這樣，在人事評估方面，我的評估還需要上司提出。這太過分了。結果只要發貨憑單一過來，我便不能放著不管，最後還是我做。如果這些憑單交給電腦自動管理，既不會出錯處理又快，但公司就是不這麼做。只要有人說：「不好意思，請幫我快點處理」，結果還是我低頭陪笑地回答說：「好的好的，我知道了」。

這明明是個閒差，我卻沒法按時下班，每天要加班一個小時。我想，與其這麼加班，還不如利用下午有時間的時候早點完成。但那時候我就是沒幹勁、情緒低落，所以沒做。

當我回到家就已經精疲力盡，從頸部到肩膀都很疼。頭疼也越來越嚴重了。我去按摩的時候，會被說：「狀況很糟，整個身體都好僵硬」，然後還教我：「回家好好泡個澡，讓身體放鬆，自然疼痛會緩解」。可是我沒辦法。我從頸部到肩膀總是很硬。雖然晚上睡得著，但是早上很痛苦。我起床的時候身體最痛。我也知道不能不去上班，但就是打不起精神。我早上既不舒服也沒食慾，就這麼去上班了。

我問醫生，爲什麼我會變成這樣。醫生回答：「你成長的家庭環境要求你要嚴以律己，所以你性格太認眞了」，確實是這樣沒錯。到了這個地步，說過去的事也沒用。說實話，我想要不是生長在這樣的家庭，說不定情況會不一樣，但這是沒辦法的事，到了這地步說什麼也沒用。我很痛苦、情緒一直很低落。爲什麼我會幹這種工作……。

這樣的內容會持續三十分鐘或四十分鐘。雖說這是每月只進行一次的心理諮商，但這幾個月每次都是重複同樣的內容，沒有進展可言。

可是，心理諮商結束以後，看看走出房門時KB先生的表情，就會發現緊張的情緒多少得到了一些緩解。雖然他來的時候一句話也不說，但離開的時候會在櫃檯一邊預約下次的時間、一邊與女職員有說有笑。或許他的肩膀疼痛也得到了一些緩解。

人就算有所抱怨，但只要將這些抱怨徹底釋放，就會獲得精神上的放鬆。

3. 不能認同對方時的對策是將煩惱分類

對策② 將煩惱的本質分類

即使如此，每次都聽這樣重複的內容，是不是會讓人厭煩呢？就算是諮商師，也會感到煩躁厭倦吧？就算諮商師剛開始還能忍受得了，久而久之還是會忍不住插嘴。

這時候，從本質上解決「傾聽方法」的問題，就是第二種對策「② 根本療法」。

就在這個階段，我們將煩惱的本質分類。分析此時此刻在你眼前說盡怨言的KB先生其煩惱本質為何，並且嘗試去預測解決方式。之後，諮商師就能明白這段「說盡怨言的時間」其實對個案來說有其關鍵意義。

順便一提，KB在結束了上一次諮商以後，有將近半年的時間一直在重複抱怨。半年以後，他這麼向諮商師報告。後來，在不知不覺中，他的怨言也就不再重複了。

說盡怨言的KB有什麼變化？

KB：說到底我就是個老愛抱怨的人。一邊抱怨卻不告訴別人，只是自己默默承擔，這點我總算明白了。我來您這裡說盡了自己的不滿，從中明白了過去自己長期積壓在心底的煩惱。

我心裡有很多抱怨和埋怨，得不到傾訴，只是自己默默承擔，導致我整個身體處於緊張狀態，脖子、肩膀以及整個身體都很僵硬，真好笑。能做到這麼自我解嘲，我一下子覺得肩膀輕鬆了許多。

就像先前的醫生曾經說過的那樣，我從小一直被父親抓著脖子狠狠修理。我的脖子、肩膀都很僵硬，明明有很多這種不滿，卻說不出口，只能一直忍耐著，身體也變得越來越僵硬（笑）。……我利用數據管理軟體做了一個簡單的倉庫管理程式，請示了上司請公司採用。現在我已經得到許可開始使用了。

工作變輕鬆，也變開心了。總是離不開手機的同事也開始問我：「這個系統怎麼做出來的？」。我回答他「你自己學」。然後我教他怎麼用手機學，結果他看手機的時間變得更長了……

要做到傾聽這件事，我們必須先理解個案的煩惱。也就是說，我們必須理解個案煩惱的本質是什麼，以及我們正位在處在解決這些問題的哪一個步驟中。如果我們在KB開始不斷抱怨的初期，就理解他抱怨的本質來自從小與父親相處中產生的忍耐，那麼幾個月以後，他的問題自然會得到解決。

諮商師對於能把這類抱怨聽到最後，應該也會變得期待。諮商師會一邊想著「不錯不錯，今天也有一堆不滿，加油，抱怨越多越好，把積壓在心底的話全都發洩出來！」，同時就能辦到傾聽。

「傾聽」與「煩惱的理解」是無法分割的。

如果無法理解個案的煩惱，傾聽對諮商師來說就會變成一種忍耐，諮商師也會很辛苦。但如果我們理解了煩惱的本質，傾聽會變得輕鬆，也會開始對個案產生興趣，並越聽越深入，我們因此能更深一層理解個案的問題所在。

4. 人生的煩惱可分為四大類

預測煩惱的解決方式

在上一篇裡，我曾提到諮商師對個案的話聽不下去的理由是，

①無法贊同個案所說的內容。

這是因爲

②想不出辦法解決個案的煩惱。

在電影和電視劇當中，不管是動作片、愛情片或是社會題材的作品，主人公或是旁白總是會表示故事中的困境，然後最終這些困境會得到解決。觀眾們也大多能預測到這些困境是如何被克服的。「忍耐、再忍耐，最終來個痛快的一擊大逆轉！」什麼的，基本上最後都會得到圓滿結局。所以，就算中途歷經如何的千辛萬苦，也能讓人當成娛樂堅持看下去。

心理諮商也是一樣的。當個案表達自己的煩惱、而這也是能預測煩惱的解決過程，那麼諮商師就不會感到不耐煩，並能夠耐心傾聽。要做到理解煩惱本質、預測出解決方式，其必要條件就是做到「認同並傾聽」這一點。

爲了做到這件事，我們需要先將煩惱分類、且必須弄清楚各種類型的多種解決方式。煩惱的種類與解決方式的類型在電視劇、電影和小說裡可以有無數種表現方式，但是內心深處的本質動向基本是能夠加以分類的。

人生的四大類煩惱

① 對人感到恐懼
② 自責
③ 不擅與人來往
④ 恐懼死亡

這就是人生的四大煩惱。

然後，這四大煩惱有著共同的結構。也就是說，人產生的煩惱一定具有以下的結構：

A．想這麼做，也應該這麼做。

B．沒辦法這麼做，因此感到煩惱痛苦

A是理想的生活方式，是人所期望的生存之道。B是現實生活中因爲做不到而煩惱的情緒。儘管乍看之下A與B彼此矛盾，但這就是人的煩惱本質。

在**表3**中，我列舉了煩惱的四大分類與構造（A與B）。在X中塡入的是解決方式，也就是解決煩惱的線索（預測）；在Y中塡入的，則是煩惱嚴重時所發生的症狀與問題。

接下來，我會把四大煩惱按順序來說明。

1. 對人感到恐懼（對所有人與社會感到不安和緊張）的煩惱

「想與人好好相處」、「應該好好相處」、「想得到他人的認同」這些是所有人都期望的事。或者說，這是人人共通的心願，我們都希望人生如此發展，這是所有人都認同的一種生存之道（準則）吧。

可是，當這種願望得不到實現，對人與社會感到害怕，就是指「對人感到恐懼」。無論對方是朋友、後輩、上司還是戀人，哪怕是一個小孩子，都會令自己感到緊張。有人說「小孩子的行爲總是出乎預料，最令人害怕」。

表3　人的四大煩惱

	1. 對人與社會感到恐懼（慢性不安與緊張）	2. 譴責自我（自責感與憂鬱）	3. 不擅與他人來往（人際關係）	4. 對死亡的恐懼
A. 期待的生活方式／理想	人際關係良好，和他人一起生活。	恐懼所有人與社會／過分緊張疲勞	能夠信任他人。	反應性依戀障礙／社會不安／反覆性憂鬱

B. 做不到A時產生的情感與煩惱	積極、努力地活著。	無法堅持下去／憂鬱／焦慮	對過於認真的性格稍微放鬆，提高自我評價。	成人期憂鬱症／恐慌症
X. 課題與解決方式	與父母、子女和其他人保持好關係。	無法與人相處／不知道要如何自處而感到緊張。	能說出心聲，願意依靠他人／獲得父母特質。	夫妻對立／子女教養問題／孩子的輟學或自閉問題
Y. 煩惱深刻時產生的疾病與問題	活著感到幸福／有存在感	恐懼死亡與孤獨／活著沒意義	考慮活著的意義／將人生整體相對化	PTSD創傷後壓力症候群／哀傷復原工作／哲學與宗教問題

以下是一位三十五歲的女性EE的案例，她單身、是位公司職員。

EE：我覺得不安。因爲我身邊總需要有人陪著，所以我很小心翼翼地對待對方。下班以後，我會上體操課。我總是和朋友N兩個人去。昨天N打電話給我說突然有事不能去上課，於是我也跟著休息了。想到N是不是有點討厭我，就感覺有點不自在。

想到在體操教室要和完全不認識的人組成搭檔，我就有點不舒服。

我容易緊張。我也知道都不和別人說話不好，但還是想盡量避免。仔細想想，我總是想靠著別人、總是躲在別人後面，偷偷露臉，盡量不被發現。

我受不了幼稚園的小孩子。N是幼兒園老師。我有時候會去她的工作場所，那時候孩子們都來靠近我，他們一靠近，我就感到緊張，不知道怎麼跟他們相處。

從那時開始，我就很害怕與陌生人一起吃飯。我特別感到恐懼的，是和客户一起吃商業午餐。那會讓我異常地緊張，甚至連東西都嚥不下去。因爲那是工作，我沒辦法只能勉強配合，但我吃完午餐後，總是肚子不舒服。內科的診斷是「過敏性腸炎」。

聽到這裡，不懂怎麼將煩惱分類的諮商師或許會想「都三十五歲了，一個人去健身不行、和別人吃飯也不行，小孩子也搞不定，眞是糟透了」。

可是，了解該如何將煩惱分類的諮商師，會把這些煩惱分類成：「1. 對人與社會感到恐懼（慢性不安、緊張）」。被劃分在這一類的個案，往往是從小有痛苦經驗，帶有長期緊張的人。比如說，一出生母親就去世了，後來被領養。或是，從小在孤兒院長大、受過虐待等。要是我們以這種角度看問題，我們就能理解EE的問題，做到認同並傾聽。我們再來舉個例。

這次是位小學二年級的女孩FF。

她纏著母親說，她不想去上學。母親非常嚴厲地訓斥「妳說什麼傻話，給我乖乖去上學」。過了一段時間，女孩不聲不響地上學去了。母親很可怕，似乎讓她沒法撒嬌。女孩在學校這個「社會」感到非常緊張。她對同學和老師感到害怕。

三十五歲的EE小姐和小學二年級的FF小妹妹的煩惱是相通的。他們害怕所有人。我們一般稱爲「依戀障礙」（Attachment Disorder）、正式診斷名稱是「反應性依戀障礙」（Reactive Attachment Disorder, RAD）與「去抑制型社會參與疾患」（Disinhibited Social Engagement Disorder, DSED）。這些本來是兒童的診斷名，卻也適用於三十五歲的EE小姐身上。

有可能EE小姐小時候有著與FF一樣的遭遇。針對這兩人的問題，其解決方式是一致的。那就是重新找回對人的「依附關係」（Bowlby）、「基本信賴」

(Erikson)、「鏡映移情」(Kohut)。針對小學二年級的FF，應該讓她體驗「老師不可怕，老師懂妳，老師很溫柔」。

三十五歲的公司職員如果能明白自己「從小感到孤獨、對人恐懼，並渴望被理解」的感受，那麼自然就會找到解決問題的出口。

2. 譴責自我(自責和憂鬱)的煩惱

當人感到自責產生的煩惱時，具體來說，是陷入了一種低落的、「明明想做得更好，但是卻做不到，自己眞是沒用」的情緒當中。其實抱有這種煩惱的人佔了多數。「1. 對人和社會恐懼」的人爲少數，但是問題都比較嚴重。而「自責」的煩惱，如果包括了日常小事在內，應該所有人都經歷過。

只要是每天努力工作、努力養育孩子、努力生活的人，應該都抱著這樣的煩惱吧！一般來說，對於這種程度的煩惱，絕大多數人都會積極鼓勵自己，並將鼓勵轉化成自己前進的動力。當一天結束時，能在心裡安慰自己一句「雖然不算完美，但算是盡力了」的話，或許是最妥當的。

可是，當人自責感越強，心情也會逐漸開始覺得苦悶、喪失自信而感到無力，最終就會引發憂鬱。到了這種程度，人就必須接受專家的治療。憂鬱症的根源是精神疲勞，本來只需要療養就可以痊癒。但是，由於過度自責，患了憂鬱症也無法得到休養，這就是憂鬱症最令人痛苦的部分。

解決方法是，對自己寬容、對自己過於認真的生存之道寬鬆一些，稍稍容忍那個「亂七八糟的自己」。也就是說，改變評價自己的標準，提高對自我的評價。可是現實上來說，要做到這點並不容易。如果有一位可以傾訴的對象，應該能從中發現提高自我評價的機會。

3. 不擅與人來往（人際關係困難）的煩惱

這類煩惱與「1. 對人感到恐懼（對所有人與社會感到不安和緊張）」很相似，但是稍有不同。

說的極端一點，「1. 對人與社會恐懼」是指對所有人感到害怕，無法步入學校或公司的人。有些人最終選擇輟學，從此足不出戶。有些人會試圖進入社會，但總是處於過度緊張狀態，勉強存活下來。

可是，「3. 不擅與人來往」的人，從表面上來看，上課和工作很穩定正常。每天也有自己的樂趣，可是在人際關係上總出現問題，內心忐忑不安。

在吃商務午餐時，連吃了什麼都不記得，結束以後還會拉肚子的個案是屬於「1. 對人和社會恐懼」的人。另一種是在午餐過後，對菜的味道感到滿足，但是會計較用餐時的談話是否順利的個案是「3. 不擅與人來往」的人。

從表面上來看，這類人很適應社會，一般不會想到看精神科或是接受心理諮商。可是在日常生活中，他們常會敍述這些煩惱。按煩惱的嚴重程度來區分的話，其順序是「1. 對人恐懼 ＞ 2. 自責 ＞ 3. 不擅與人來往」。

可是我們一旦抱著這樣的煩惱，在家庭內也會引發很大的問題。比如夫妻間相處不和諧、離婚問題，還有可能引發影響孩子的問題（輟學、足不出戶、家庭暴力）。我在接受孩子的輟學、自閉、家庭暴力問題的諮商時，首先會從解決父母的「3.不擅與人來往」的問題開始治療。

我舉一個案例來說明。

公司的女性聚會上，A與B之間有這樣一段對話。這是關於上司G的對話。聽到這段話的C也中途開始參與對話。

A：G部長在公司工作滿認真的，人也很老實。可是一旦喝酒，就像變了一個人似的，立刻就開了話匣子。

B：對對，突然變得一副了不起的樣子開始聊自己。我一邊聽一邊想，一個平時那麼認真、沉默的人，原來心裡是這麼想的，我覺得有些驚訝。前段時間我們還開始聊K-POP的人氣組合，他一副很懂的樣子……一直吹噓「我連這些都懂哦」。那種樣子和平時的G部長完全不同。

A：要是不習慣真會嚇一跳。不知道是不是他家裡有什麼問題，有苦難言什麼的。

C：是的。不過他本人好像也很介意。去年忘年會結束以後，他問很多同事說「我是不是喝多了，說多了？」，然後收到「與平時不一樣」的回應。從那時起他好像受了打擊。一喝酒開口就是「我怎樣、我怎樣」，就跟小孩子一樣，說可愛也滿可愛。

B：是嗎？我倒不覺得可愛，就覺得「年紀都這麼大了，在搞什麼？」

G先生是位非常認眞的上司，在工作上應該也値得信任，但是在人際關係上是不是有點問題呢？

本人在喝醉的第二天，一直煩惱著「喝多了、說多了、搞砸了、老是得意忘形……」。這就是「3.不擅與人來往」的煩惱。

要解決這個問題，G先生需要在公司裡也與人輕鬆接觸，自己內心的率眞和率性，也需要坦誠示人。比如說，「啊，搞砸了，不好了，要是給老闆知道的話，八成會扣薪……」什麼的，要是出現這樣隨口而出的場面就好了。要是這麼做的話，G先生在公司與在聚會上的人格落差就會消失，成爲一位受下屬的女職員信任並且愛戴的上司。

如果我們用人際溝通分析理論（Transcational Analysis, TA）的專業用語來說明，那就是無論是誰都會帶有孩子率眞的一面，如果能稍微活用帶著自由而充滿玩心的情感、所謂「自由孩子」（FC: Free Child）的這一面，也很好。G先生的認眞及成人的一面（A: Adult）顯得太強，讓他無法成爲孩子。

像G這樣的人，他在家裡也是以單方面的立場與孩子相處，嚴格地管教孩子，孩子也會緊張。這個問題要是惡化下去，就會像前面敍述的一樣，可能會引發輟學和反社會行爲問題。女職員A指出的「G部長是不是家裡出了問題，有苦難言什麼的」或許眞的一針見血。

G如果有位可以傾訴心聲的對象，就有可能在A（認眞的成人）與FC（自由的小孩）之間取得平衡。

4. 對死亡的恐懼

這是誰都會經歷的恐懼，可是這在日常生活中並不會發生，因爲在日常生活中，幾乎所有人都會忘記死亡。

問題發生在得了晚期癌症被告知餘命的時候、失去了重要的人的時候、遇到災害、因事故面臨死亡恐懼之後，創傷後壓力症候群（PTSD）發作的時候等。或者是到了一定的歲數，死亡離自己越來越近時，我們也會意識到這個問題。不過，這也是在不知不覺中產生的。

由於突如其來的意外，而失去了重要同伴的人，向你說起他的痛苦悲傷的時，你應該能做到不插話、安靜地傾聽到最後吧。那是因爲你理解問題的嚴重性，所以你能夠「認同」，不會「反對」。

5. 只要懂得把煩惱分成四類，就能預測「事件」的發生

煩惱必然是這四類之一

日常生活中會有幾種煩惱同時發生，我們仔細推敲一下就明白，那其實是四類中的一類。從表面上看來，1. 與3. 很相似，但是其實煩惱的本質不同。以問題的深度而言，這四類煩惱是彼此互相不重複的。

如果你現在有個很深刻的煩惱，這個煩惱一定歸屬於以上四類中的某一類。

回憶一下，花了幾個月的時間說盡了工作與身體不適的KB。他的煩惱歸屬於「3. 不擅與人來往（人際關係困難）的煩惱」。特別是與父親之間的問題，他始終擺脫不了。以這點爲基礎，我們來看看他的怨言內容，上司＝父親，公司＝父親是重疊的。

KB對上司、公司的工作方式表示不滿，覺得自己的做法才是對的。可是面臨上司的工作指示，KB先生說「他只會低著頭以笑臉回應說『好的好的，我明白

了』……」。這很有可能是他從小順從父親各種不講理的要求，一直忍耐著所產生的結果。他一直未能擺脫與家人間的問題，特別是與父親的關係中留下的傷痛。

在KB先生開始吐露怨言時，諮商師若是能將他的煩惱分類成「3.不擅與人來往（人際關係困難）的煩惱」，尤其是能推測到他與父親之間的關係，諮商師的傾聽工作就會變得輕鬆。不光是這點，諮商師還要察覺到怨言本身的變化，才能享受到這個過程的樂趣。這就是「認同並傾聽」。

對於「3.不擅與人來往」的煩惱，具體的解決方式以KB的例子來說，是「利用數據管理軟體做了一個簡單的倉庫管理程式，請示了上司請公司使用」。這從KB至今的生活方式、人際關係來看，基本上是很令人意外的。

從這層意義上來講，這是在解決問題過程中的「事件」。從小到大，一個父親說什麼就做什麼的孩子，對上司（父親）提了工作上的建議並且被接受了，這對KB先生來說，是改變人生的重大事件。

成爲解決問題的「事件」必然發生

就算能將煩惱分類，諮商師也未必能預測具體的「突發事件」。可是，當心理諮商持續進行、個案內心得到整理後，我們就可以預期某種類似的事件「可能會發生」。實際上，在心理諮商進行的狀況下，必然會有某種「事件」發生。

煩惱是有體系的。人的內心精密地組織過，所以只要我們傾聽自對方的內心深處，自然就會認同對方；認同並傾聽對方也會讓對方吐露更深一層的內心世界，然後內心自然得到新的組織化。這種自我組織的力量會引發「事件」。

要是我們能將煩惱分類，我們就能擴大對KB家庭關係的全面理解。

以單方向的立場與孩子相處，表示KB先生的父親有可能也抱有「3.與人相處困難」的煩惱。另外，KB先生的父親嚴厲對待KB的時候，他的母親是怎樣的態度?是不是站在KB先生的一邊?有沒有安慰他?有沒有勸導父親?或者說，她是不是面對丈夫什麼都說不出口的妻子呢?這些事都非常讓人在意。

他的倉庫管理工作現場好像沒有女職員。如果他周圍有女性，我們可以透過觀察他對那位女性有什麼樣的感覺，來推測他與母親的關係。

可能以後KB會主動敘述這些項目。我們之後或許也能看到養育他的原生家庭其整體「煩惱」的心理性定位。「煩惱」在整個家庭的成員之間是互相聯繫的。同樣地，我們也能看到「煩惱」在世代之間的聯繫。

6.「認同並傾聽」與「鼓勵並傾聽」的區別

以下讓我們按照煩惱分類表來討論一個簡單的案例。

另外，與此同時，也讓我們學習該如何不要過於認同談話的內容，導致其變成鼓勵。

將煩惱區分爲四類之一

比如說，「成績不好」、「體重減不了」、「薪水不漲」等日常生活中最常見的煩惱。我們把以上作個簡單分析，就會成爲以下的情況。

比如有位「成績不好」的中學一年級男生。

我坦白地問他「爲什麼你覺得這麼煩惱？比你成績不好的同學有很多，大家不是都過得很好嗎？」

他回答說「如果我拿不到全年級十名以內，會被媽媽罵」。這就是他爲「成績不好」而煩惱的眞正原因。所以，他的煩惱可以被劃分爲四類當中的「3.不擅與人來往（人際關係困難）」的煩惱。從他的年紀來看，正值青春期的他，會煩惱母親之間的關係也是可以理解。

那麼，這個情況就和KB先生的煩惱是一種類型、同一種構造。解決方式也應該是出自相關「事件」。也就是說，他和母親之間的關係有可能發生轉機，因爲這位男生正處在青春期，在他身上不知道會發生什麼變化，這會讓人有各種臆測。KB先生是成年人（成人的心理）。在工作上，他透過向上司提議，和上司的關係發生了改變。那麼中學生要透過什麼，才能和母親的關係發生轉變呢？我們可以想像一下。

那麼，同樣是為「成績不好」而煩惱的高中三年級的男生。他為大學考試而感到煩惱。他的母親非常溫柔，常常在他用功到很晚的時候，為他端上咖啡和點心什麼的。他的煩惱是成績一直無法更上層樓。無論如何，他都想考進一流的大學。

因為他們家是經濟困難的單親家庭，他非常強烈地希望媽媽能過得輕鬆一點。他不可能去就讀學費昂貴的私立學校。考進好大學、找份好工作，是他的心願。他的目標是國立大學。他必須更努力才能辦到。但是他做不到，有時他會因此感到沮喪。

這個煩惱可被分類為「2. 譴責自我（自責與憂鬱）」當中。因為他明明有目標，卻煩惱著自己提不上勁，達不到想要的成果。

面對這樣的高中三年級的學生，諮商師會想鼓勵他。

不能鼓勵並傾聽

可是，我們必須注意一點。當我們越想鼓勵、就越做不到傾聽。「認同並傾聽」與「鼓勵並傾聽」是有區別的。要是接受鼓勵了，這位高三的學生可能會感到更難過。他本來想吐露自己的軟弱，但如果他受到鼓勵，就會說不出示弱的話。一旦個案不能自由暢談，「靜靜傾聽」本來的目的就受到了破壞。

認同並傾聽是指認同對方的煩惱。也就是不否定對方的煩惱，而是要肯定對方。所以當個案的煩惱開始動搖，決心說「再堅持努力一下」時，我們可以傾聽下去，而當他說「不行了，我撐不下去了」，我們也可以傾聽下去。面對煩惱的各種內心的動向，我們都原原本本地加以認識並傾聽下去。也就是說，對於表述自己內心動向的個案的整個生活方式感到贊同。

另一方面，鼓勵並傾聽是只支援內心的某一個動向（在這裡是指努力學習的方向），卻對另一個方向（說喪氣的話、放棄目標的方向）表示無法認同。傾聽方如果進行「鼓勵並傾聽」，會使得傾訴方的內心變得僵化，不會有變動。傾訴方的人生便被會迫只朝著積極的方向邁進。

那麼，解決煩惱的契機「事件」也不會發生。原因是鼓勵他的最終結果只是考上大學，或是大學落榜。這些並非是事件，因爲他的內心並未得到成長與擴展。

另一方面，如果做到認同並傾聽。不管他有沒有考上大學，內心都會得到成長，就算他難以達成自己的目標，心中也會產生代替的方案。

不得不認同深刻的煩惱

要做到認同並傾聽，我們必須做到理解煩惱的深度。而且，對於煩惱的理解越深，越能夠認同。

在四類煩惱中最深刻的，是「4. 對死亡恐懼」的煩惱。在解釋這點時，我曾以當人突然失去伴侶爲例。同樣，被告知得了癌症的人，在安寧病房和臨終關懷中敘述對死亡的恐懼時，無論是誰都會正襟危坐，尊重、謹慎地聽到最後吧。當人活著時，「4. 對死亡恐懼」對任何人而言都是最深刻的煩惱，任何人都會謹慎。在這種情況下，不會有人不認同「4. 對死亡恐懼」。

煩惱的深度，依序排列分別爲「4. 對死亡恐懼」＞「1. 對人恐懼」＞「2. 譴責自我」＞「3. 不擅與人來往」。越是層次較淺的煩惱，要進行認同並傾聽就越困難。

第 4 章

傾聽情感

傾聽內心深處的情感流動後，心靈就能相通

1. 傾聽的技術——步驟三、傾聽情感的流動

讓人暢所欲言，能使情感深化

剛開始進行心理諮商的時候，個案會寫下自己的經歷，或是把自己想說的話列出清單帶來。可是，第二次、第三次就會逐漸習慣成自然，在來的路上想著「今天說說這件事和那件事」。逐漸地，個案會開始吐露心聲，就算事先做了準備，中途也會跑出其他話題。個案會有自己想都不想，話就會突然會從嘴裡蹦出來的感覺。

有人會說，「唉呀，原本沒打算說這些的……」，也有人說「我怎麼說的都是些事前沒準備的，和本來想說的不一樣……」，也有人無意中開始說起新的話題「我現在突然想起來了……」。這就是在心理諮商的過程中，個案達到了可以安心地暢所欲言的境界。

要是能感覺到個案「暢所欲言」，那麼諮商師也會越聽越輕鬆。到了這種程

度，「靜靜傾聽」也就是做到了：

「個案開始敘述後，① 絕不插話、② 絕不提問、③ 絕不給建議，靜靜地聽到最後」這一點。

諮商師也就達到了「靜靜傾聽」與「認同並傾聽」的層次。

不插話只傾聽，佔了心理諮商工作的七〇%

我想這本書的讀者中有很多是心理諮商師，在此我稍微偏離一下正題，和大家講講心理諮商的方法。

諮商師是不是始終只是光聽而不做任何反應呢？其實不是。當然傾聽是最重要的。如果一次的心理諮商時間是五十分鐘，那麼從一開始大概七〇%的時間只需要「沉默」。也就是說，有三十五分鐘的時間必須不插話，徹底活用「靜靜傾聽」與「認同並傾聽」的技術。而在最後的十五分鐘，諮商師需要開口說話。

儘管諮商師怎麼做出回應，是他展現本事的時候，但是首先，我們要說一句

「聽你說了這些心酸的事，確實很令人感到難過。我可以體會你非常煩惱，而且做出了許多努力」，表示對個案的贊同，並反應自己的感想。然後我們需要了解話題的背景，特別是要確認個案原生家庭（出生並長大的家庭）的部分。

然後，最重要並且最需要經驗與技術的，是對目前個案的心理諮商進展做評估，並根據進展提出恰當的問題。

這麼做的目的，是進一步確認現在個案所處的心理諮商的狀態，以便順利地進展到下一步。所以①提出幾個已經在話題裡出現的「語句」，並確認內容、提問和解釋這些部分。②察覺出還沒被語言化的「情感」，同樣進行確認、提問、解釋。在這段過程中，個案與諮商師之間會產生互動。

比如，涉及到個案在談到朋友、家人和父母時的用詞、情感和心境時，我們要進一步確認這些問題、然後提問和解釋。經由這道過程，個案才能察覺到自己的變化。這道過程重複幾次之後，個案就能清楚地察覺到自己的進展方向。

我們該把焦點集中在哪些語言、情感、心情上，這取決於心理諮商的進展階段。爲了評估進展階段，我們在這章裡要學習「傾聽情感」的技術。也就是說，目前的心理諮商進展到了哪個程度，我們需要根據個案所闡述的情感來做評估。

如果心理諮商進展順利，我們也掌握了進展方向，以上敘述的交流過程就會變得活躍，傾聽與互動的週期也會越來越短。就好像「十分鐘傾聽和十分鐘的互動，接下來又是十分鐘傾聽和十分鐘的互動」這樣的交流方式會連續進行，個案敞開內心的速度也會變快。

「順暢」的情感流動會表現出更深層的內心動向

在心理諮商的現場分析（心理諮商師教育）中，我會讓作爲學生的諮商師們把他們和個案間對話的逐字記錄帶來。

讀完記錄後，我會確認他們是否做到了①諮商師沒有插話、②個案的敘述是「順暢」的＝諮商師做到了認同並傾聽。我會這麼鼓勵學生「傾聽的作法很正確，請這麼繼續下去」。

然後，進入傾聽技術的「步驟三」。

我們來回顧一下，傾聽的技術一共有四大步驟。在第三章裡，我用**表**2–1總結了這四個步驟。在這裡，我們在這個基礎上再增加一個**表**2–2，在此我增加的項目是各個步驟的目的。

表2–2 傾聽的技術——四個階段與目的

傾聽的技術	內容	目的
步驟一、靜靜傾聽	遵守靜靜傾聽的三大準則與四大禁止事項	個案能安心、自由地暢所欲言
步驟二、認同並傾聽	將煩惱分類（診斷），針對內容認同並傾聽對方	
步驟三、傾聽情感	意識到其情感層次，讓自己與其同調來傾聽	評估心理諮商的進展，經由討論進行確認
步驟四、聽內心的糾葛	聽出無法解決的矛盾，促發個案的自我組織能力	一邊預測解決方式，一邊暢說欲言、也盡可能聽到所有一切

在針對逐字記錄的評估當中，上面會寫著我們確認了個案的言語表達是「順暢、持續」的，但是當個案開始暢所欲言，且諮商師不去阻擾的話，情感便是「順暢、持續」的。

所謂「順暢」的意思是，①情感表現與語言不矛盾、②情感的前後關係是完整、合理的。

在①這點的反面來看，所謂「不順暢」是指：嘴上說著「努力加油」等正面積極的字句，但是情感上流露的卻是對自己或他人的憤怒。在②中，所謂「順暢」是指：在冷靜表達情感的過程中，個案因爲受到影響，使得情感轉化成了憤怒、悲傷或沮喪，但是由這些變化的來龍去脈來看，意義是連貫的。

接下來，讓我舉例來讓我們了解一下這樣的變化。

因中學生兒子的問題所困擾的母親，及其內心變化

個案是位三十七歲的主婦，AR，因爲中學生兒子的問題來到我這裡。她兒子

不好好上學，晚上玩到很晚才回家。兒子被學校請去談話還是小事，有一次他甚至被員警警告「未成年深夜在外聚集」。

AR想提醒兒子，結果兒子不光發怒，還扔東西砸東西。就煩惱的分類上來說，這是關於青春期母子關係的問題，所以屬於「3.不擅與人來往」的類別。

在青春期問題上，當反社會行爲、足不出戶等較嚴重的混亂發生時，原因一般是① 父母過於嚴厲、② 父母乍看很體貼，但實際上過於干涉，孩子任其擺佈。基本上是以上兩種情況之一。無論是哪種，都破壞了孩子的自主性。AR小姐的情況是前者。

在心理諮商（關於家人）的過程中，AR小姐一時表達出了對兒子的怨言。可是之後，她發覺到那是自己對兒子過於嚴厲的結果。在接受諮商大概三個月後，從第七次諮商開始，AR小姐發現了問題解決的出口。

AR-7：最近兒子開始去上學了。晚上出去玩的次數也少了。按照你給的建議，我與孩子之間增加了溝通，情況感覺穩定下來了。我最近在反省，覺得這是以前對孩子過於嚴厲造成的結果……我老是生氣罵他不正經……認眞點、沒耐心……

上個月，就是我來接受心理諮商的第二天，兒子又生氣大吼「吵死了，老太婆」。那時候我一邊想著「啊，又來了」，一邊想著「確實我很煩」，然後對兒子隨口說了一句「是啊，媽媽眞的是很囉嗦」。

兒子愣了一下子，然後丟下一句「是啊，你知道就好」後，就躲進自己房間了。就是從那時開始，他就變平靜了。

最近，我一直在回憶自己的青春期，那時我和母親的關係怎麼樣。

（到這裡AR小姐用很平靜的口吻敘述最近的情況，她對和兒子的關係發生變化感到高興。敘述一直沒中斷。諮商師也沒有打斷她）

前幾天，很久違地打了個電話給鄉下的母親。母親很突然地問我「你又沒好好照顧老公」。我母親總是這樣……也不聽我說話，總是說我……然後一直說自己的事。連我爲什麼打電話回家也不問。我覺得很煩……（這裡開始，這位個案有些憤怒，然後說了一些小時候和母親的回憶。這些敘事背後帶著憤怒和不滿的情感。）

……可是，母親一直爲了父親很辛苦。父親有酒精成癮的問題，喝醉了就和母親吵架，吵著吵著父親就開始動手打人。我曾經見過父親對著蹲在廚房角落的母親毒打。父親年紀大了，身體不好，母親還一直照顧他……父親到死爲止一直拖累母親。當父親去世時，我覺得母親流露鬆了一口氣的表情……（AR小姐流下眼淚）

從這句話看來，個案的情感由憤怒變成了悲傷。音調也變了，就像是很同情自己的母親，繼續訴說他對母親與自己的命運感到如何地痛心。

情感流動中的「順暢」是指什麼？

在這個階段，語言與情感的流動是順暢連結的。順暢是指第一、情感不堵塞。生氣就是生氣，不會拼命壓抑自己的情感。語言表達與情感不矛盾；第二、情感的流動是有意義的。接著讓我們來詳細瞭解一下。

①喜悅的情感：諮商一開始，個案告訴我她與兒子之間的關係發生了很大的變化。AR小姐忍不住對兒子說了一句「是啊，媽媽是很囉嗦」。這就是成爲解決問題的「事件」、那是母子之間長久以來的心結就此解開的一刻。今後，母子之間會發生什麼變化呢？這點很令我感到在意。但是，心理諮商師還是得要靜靜傾聽下去。這麼一來，AR小姐才能夠面對自己更深一層的內心世界。

②憤怒的情感：AR小姐爲諮商師帶來令人高興的好消息，AR小姐的情緒也可以獲得休息。就在這個情況下，AR突然主動揭露自己與母親的關係說「前幾天很久違地打了個電話給母親」。乍看好像是突然換了一個話題，但其實這兩件事在核心上是有所連繫的。這通電話表達了她對於長期憂鬱中的母親懷抱的想法情感，以及她所壓抑的憤怒。

眼前自己與兒子（現在的母子關係）的關係，其實就與自己和母親（過去的母女關係）的關係有著深層聯繫。因爲母親—女兒（過去的母女關係）對之後的母親—兒子（現在的母子關係）有很大的影響。在過去的母女關係當中，作爲孩子對父母的態度上，AR小姐一直處於忍耐憤怒的狀態，她經歷了艱難的幼兒時代，所以在現在的母子關係中，她對孩子的教育嚴格，對於兒子的態度也有著很強的忍受力。

在與兒子之間的關係（現在的母子關係）得到改善的瞬間，AR小姐面對了自己（過去的母女關係）的情感。這兩方面當然也流暢地彼此連繫著。在她解決了與兒子之間的對立、平息了對兒子的憤怒之後，接下來她就釋放了自己過去所壓抑下的憤怒，那就是在是那通電話中的內容。AR小姐了不起的地方是，在這之後，她對於母親的情感由憤怒轉化成了悲傷。

③悲傷的情感

在表達了對自己母親的憤怒以後，AR小姐對自己的原生家庭存在的困難、不幸以及在這個環境下，母親育兒的辛苦表達了同情與哀傷。

從對兒子的青春期問題感到不安↓做出努力↓表達憤怒↓解決問題↓感到悲傷，這一連串的表現都很流暢，她的內心也被精密地組織化了。

能夠傾聽情感，傾聽才會讓人感到安定

「傾聽情感」是指聽內心深處的語言。

所謂懂得傾聽，也就是能夠不插話、認同對方並傾聽到最後，這麼一來情感就能順暢地流動。

在指導現場，有時讀到諮商師帶來的逐字記錄會發現，語言與情感間是分離的。我會指出這點問諮商師說「這個部分不太流暢，是斷開的，個案情感也發生了變化，是不是記錄有遺漏？」

「啊，我想起來了。我在這裡提問說：『對方為什麼這麼想？』」。

諮商師插了話，個案的發言就會發生變化。情感流動變得不自然、會中斷。記錄其他地方都很自然，只有這裡明顯不同。那位諮商師很優秀，除了這部份以外，她的傾聽做得很到位。可是她之所以在這裡插話應該有其道理，或許她有什麼地方很在意。進行指導的目的，就是要將這部分明確指出來。

只要我們能感受到個案的情感流動，傾聽的過程就會變得更穩定。諮商師也會因爲不想破壞這段自然的情感流動，而變得不想插話。

2. 傾訴方與傾聽方的情感同調

營造兩人之間情感共通的場域

「場」是物理學上的概念。它本來用於磁場、電場、重力場等狀況中。當兩塊磁鐵靠在一起，兩個磁場便會互相影響，共同創造出一個磁場。就像我們小學時做過的科學實驗，在吸鐵石周圍放上鐵粉，就能看見「場」的存在，近看會是兩個不同的「場」融合在一起，但從遠處看，是一整個「場」。

心也是一樣的。兩個人彼此靠近、情投意合，就能創造出共同的「場」。這就是「情感場」。傾訴者的情感傳達給傾聽者，傾聽者再將自己的情感反饋給傾訴者，創造出共同的「場」。個案表現憤怒的時候，諮商師也會感到憤怒。相反地，如果個案表達的是喜悅，諮商師的心情也會變開朗。

傾訴方與傾聽方的情感一致，這在日常生活中很普通。說些難過的事，氣氛會變得沉重，傾聽方、傾訴方都會感到沉悶。要是內容是開朗溫和的，整個氣氛也會變得明亮起來。

可是，在心理諮商的情況下，關於情感同調基本很少有人提到。原因是什麼呢？絕大部分的心理治療理論前提是：治療師以單方面的立場對個案（患者）進行治療所構成的關係。如果諮商師是神，個案就是普通人，這種關係是有可能成立的。但事實上，雙方都是普通人，這種情況便不可能發生。

「移情」與「反移情」是同時發生的

在精神心理療法的精神分析領域中，有種現象叫「移情」以及「反移情」。「移情」有時也被稱爲「情感移情」，是指個案對於諮商師產生好感，並產生了具有愛意的念頭。相反地，雙方之間會產生敵對、憤怒的情緒，尤其是個案帶有的感情很強烈，而且會持續了一段時間，這種情況我們稱爲「移情」。

「反移情」則相反，是指諮商師對個案產生愛意或是厭惡的情緒。

比如，個案將諮商師視爲是自己的父親，吐露自己的心聲。這樣的關係持續下去就會變成「移情」。相反地，諮商師把個案當成自己的兒子，過於熱心地溫柔關懷與傾聽，就會變成「反移情」。「移情」與「反移情」的現象，表達了諮商師與個案的交流到達了一定深度。這種現象本身對治療是有效的。

那麼，以剛才提到的「情感同調」的狀況來看，如果「移情」發生，「反移情」幾乎同時也會發生。如果女性個案對男性諮商師產生戀愛情感，那麼男方應該會因此感到高興，這是自然現象。

能傾聽自己的情感，就能理解「移情」

非常重要的是，諮商師有沒有察覺到自己的情感流動。換個說法，就是他／

她能不能傾聽出自己的情感、能不能察覺到自己的情感動向。

如果無法妥善傾聽自己的情感，心理諮商的效果便會停止，也就是無法再繼續傾聽。

如在前章裡舉的例子，爲「成績不好」而煩惱的母子家庭的高三男生，爲了辛苦的母親，努力爭取考上好大學。聽到這段話的年長女諮商師，當然想爲這位高中生加油。可是，一旦她開始鼓勵，就沒辦法好好傾聽。

就這個例子來說，諮商師剛開始進行鼓勵時，「反移情」（諮商師對個案產生的強烈情感）和「移情」（個案對諮商師產生的強烈情感）會成立，傾聽也就無法進行下去。所謂的「鼓勵」其實是「反移情」產生時的一種現象。

再舉個別的例子，個案對熱心傾聽自己的異性諮商師覺得感謝，並在無意間開始產生類似於戀愛的情感。感受到這點的諮商師，應該會感到很溫暖、很高興吧，這是很自然的。可是如果諮商師意識不到自己的情感流動，諮商師只會停留在「心情很好」的層面上，因爲諮商師本人沒有自覺，所以會想要維持這種舒適感。

感受到這點的個案也會不自覺地朝著同樣的情感繼續前進。傾聽方與傾訴方會同時想維持這個「場」。這段期間越長，精神分析上所稱的「移情」與「反移情」也會固定下來。可想而知，心理諮商的進展會因此停止。

在這種情況下，如果諮商師好好傾聽自己的情感，就可以避免這個事態發生。那麼這種事態之後會有什麼發展呢？剛開始，諮商師會對於個案呈現出的戀愛情感感到高興。如果自己能意識到這種喜悅，我覺得這算好事。

這種情況下，個案也感覺到自己的好意被接受而感到安心，並且想著「好，我把心意傳達給對方了」。就這樣，雙方對於彼此的好感都有所自覺並理解。諮商師和個案雙方都得到滿足，不會繼續執著於這種好感。「場」因此變得柔和，雙方能安心地進展到下一個話題，傾聽會再次展開。

察覺到自己的情感

傾聽個案的情感流動，同時也善於傾聽以便呼應著這種情感流動的諮商師本身的情感，才是「傾聽情感」的神髓所在。

那麼，我們應該可以說，如果能夠善加傾聽這種情感流動，只要再邁出一步，就能一窺無意識的部分。心靈之所以能康復，靠的是從還沒被語言化、在無意識階段就開始的「自我組織」的力量，這點我們在本書一開始就曾提過。接著，傾聽的技術之後會進入最高層次的第四步驟。

可是，要進入接下來的第五章還得稍等一下。

在這之前，我們必須先學好情感的層次，爲下階段做好準備。

3. 情感階段依序由「不安——憂鬱——憤怒——恐怖——悲傷——喜悅」構成

最後以「喜悅」畫下句點的六種情感流動

被傾訴的情感可分爲六個層次（見表4）。

表4　情感的六大層級

由傾聽發展的情感層級	恢復過程
第一級、不安與堅持	因為對現實的忐忑不安，開始接受諮商
第二級、憂鬱	自責不夠努力、回顧人生
第三級、憤怒	對自己以往的生活方式表示憤怒
第四級、恐懼	看到沒有自覺的恐怖
第五級、悲傷與放棄	在悲傷中捨棄以往的生存之道

在心理諮商進展的同時，情感也會按這個順序流露出來。在第五層級的「悲傷與放棄的情感」之後，最後會表現出喜悅的情感。諮商師在傾聽過程中，要去傾聽是什麼樣的情感佔據了個案的內心。一定是這六個層級中的某一級。情感比起語言更廣、更深、更強，所以我們要聽出被傾訴出的語言背後隱藏的情感。

傾聽語言背後的情感，不光是在心理諮商中，在日常生活中也能發揮作用。比如，就算對方嘴上在讚美你，但是背後的情感是接近憤怒的負面情緒，那麼，這就不是讚美，而是嫉妒與諷刺。如果是有意識的這麼做，那就是「明褒暗貶」。

另外，有的人會用語言來表達自己遇到的傷心事。可是當我們仔細傾聽，可以聽出來龍去脈中對方從痛苦中被解放出來的安心情緒，也就是說，對方不光是悲傷，還帶著痛苦已經告了一個段落的安心感。

我曾經在某間小學做過關於孩子的心理發展障礙的演講。演講後的回答問題單元中，一位二年級的老師問了我以下的問題，「有位學生上課時老是和後面座位的同學講話，可是我一提醒，他就離開教室，讓我覺得很困擾。他是不是有ＡＤＨＤ（注意力不足過動症）呢？如果是的話，該怎麼處理？」。

老師語言表達是「很困擾」。但是，這背後是對不好好上課的孩子的一種憤怒情緒，並用「困擾」來形容。我們一般會預測提問者的情緒是「困擾」↓「作爲老師處理不好」↓「能力不足」↓「希望有個解釋」，但是我卻感覺不到這點。

在這個案例中，就算我照著問題回答要怎麼和ＡＤＨＤ的孩子相處，是解決不了問題的。我需要整理整個過程。我向老師很詳細地確認了學生的言行舉止還有上課時的氛圍。

在這段過程中，提問者最初的憤怒情緒得到了緩解，開始意識到要冷靜看待問題，找回了他身爲班導師（指導者）該有的心態。我覺得學生的行爲問題並非ＡＤＨＤ，而是心理上的原因造成的。我對老師這麼說明，並且提供建議給他。班導師老師也表示同意，並且表現出安心的表情。

這個例子雖然不是出自心理諮商，但是從憤怒、不安的情感開始，到重回冷靜，最後變得安心的過程，卻是一樣的。

我作爲專家，接受過很多人來尋求諮商。先不談困擾本身爲何，我首先會聽取對方的情緒，是困擾（不安）、自責（憂鬱）或是焦慮心煩（憤怒）。然後，我將針對問題內容的建議，於感受到個案的情感時所接收到的訊息，比如「是不是這部分感到不安」等部分後，再回應給對方。這麼做，個案才會感到心服。

「理性與語言」和「情感和語言」的關係

那麼，我們繼續來討論**表**4「情感的六個層次」。

語言是在情感產生以後的社會性表現。也就是當我們在心裡發現到自己想傳達給他人的表現時，對外所展示出的形式。當我們看著美麗的森林景色，說出「啊，好美！」的時候，無論身邊有沒有人在，這都可以算是一種社會性表現。相反地，無法向別人（或是自己）解釋的情感，這種無法傳達出去的情感，就無法用語言來加以描述。

看著美麗的森林景色，一邊感受到「啊，好美！」，但同時也感受到「好像有什麼不對勁……很沉重、動不了、但不感到黑暗。這到底是什麼」的時候，就很難以藉由簡單的語言來形容。在心理諮商的場合中，個案訴說的情感基本上都是「和人相關」的情感，而且是個案自覺到在日常生活中無法被語言化的情感，或是在社會中不容易傳達的情感。

讓我們來分析一下，理性與情感之間的關係。

理性是語言。深層的情感是難以用語言來形容的一種心境。

在社會上，理性需要優先於情感。就算內心很生氣，也不可以突然攻擊對方。應該要先採用理性的方式來解決。社會規範的結構是，就算發生了爭執或困擾，也需要理性的方式處理（也有例外）。這些方式也就是指所謂的法律和規則，以及道德與倫理等約定俗成的默契。

可是，在心理諮商的場合中，深層的情感要優先於理性（語言）。原因是，心理諮商的運作方式是，想利用理性來試圖解決煩惱，但歷經千辛萬苦之後，也沒能有所進展時開始的。

當煩惱持續下去、看不到未來前景的時候，人都會想「改變自己」而來接受心理諮商。可是在這段過程中，每個人會發覺到，想改變的並非是自己，而是一直執著的「生活方式＝規則」。執著於自己已知的理性（過去的語言＝過去的規則）是解決不了問題的，所以我們必須找到新的語言（新理性＝新規則），而在我們內心深處的情感，可以給我們帶來提示。

為兒子問題煩惱的母親，其情感是「不安與堅持」

我們再重新看一下，在第四章開頭中，我曾提到過的三十七歲主婦AR的事。AR的煩惱是關於中學生兒子的青春期問題。

兒子不好好去學校，在外面玩到深夜。AR小姐想訓斥兒子，結果引起他的暴怒、亂砸東西，在家裡牆壁上、門上留下了好幾個破洞，這是所謂的「家暴」。剛開始接受心理諮商的時候，AR小姐把用手機拍的照片給我看。我一看就知道，客廳與走廊之間的門，是被人一拳打通的。膠合板修復過後的照片也看到了。

AR問「這要怎麼辦才好？」。我故意回答說「目前，做點臨時修復就可以了」。其實我也暗示著她要解決孩子的問題，「目前維持現狀就好」。AR小姐聽了以後表現出了安心感。這個建議，是針對AR抱有的忐忑不安的情感所提出的建議。

開頭裡，AR在心理諮商的過程中向我表示了已經找到母子問題的解決方式。這是在諮商的第七次療程，AR小姐忍不住脫口而出的一句「是啊，媽媽是很囉嗦」時發生。這句話成爲了一個契機。我們再重新倒轉時光，回到這個問題的解決過程中觀察一下。讓我們回到心理諮商的第二次療程的狀況中。

AR-2：上週學校聯絡我，說兒子在電玩店徘徊到晚上，員警也打電話來。他和三名同學被一起帶到派出所，被問是哪個學校的。這次只是被警告了一下……班導師說，雖然他沒好好來上課，不過在學校裡他沒有行爲上的問題。回到家我問了兒子這件事。兒子憤怒地反應說「妳搞什麼？有夠囉嗦！」。他邊說邊踢開餐桌，然後躲回房間。桌上的杯子也被他打翻摔碎了。

上次你解釋說，「這是青春期的叛逆問題。不用那麼擔心。不過情況有些激烈」。兒子變得那麼偏激，是不是因為我沒有教育好？我查了好多書，書裡說，這是父母過於干涉的原因造成的……

AR反省了自己的教育方式，苦惱事件的發生來自於兒子的青春期問題。她會自責、會責罵兒子，有時雙方還會發生激烈爭執。她爲了解決這個問題吃盡了苦頭。

剛才介紹的是，第二次療程中的一部分內容。其實從第一次面談到第三次，AR傾訴的內容幾乎都是一樣的。在這段期間，AR小姐持續傾訴的語言背後的情感是「1.不安與堅持」。這種情感在前三次的療程中一直沒有變化。當然，她表現出了對孩子的憤怒，但這並不是她核心的情感。

AR小姐被班導師叫去談話，她想方設法要改變兒子而因此憤怒、發火、吵架，最終來到了家庭諮商專家的心理諮商室，這些都表現出AR爲了解決問題採取的努力，可是進展並不順利。要是這樣下去，她的家庭會被瓦解，說不定真的有一天她兒子會被逮捕，給別人帶來不可收拾的麻煩。這讓AR小姐心裡感到非常忐忑不安。

不管任何人，絕大多數都是從「1. 不安與堅持」的情感開始。心理諮商基本一〇〇%是這麼開始的。

光認識到這一點，就能讓傾聽方更耐心地傾聽傾訴方的訴求。要是我們能觀察到情感這一面，傾聽就會變得更有深度。但是，傾聽方能否做到和傾訴方的情感同調，就這麼傾聽到最後，這就要取決於傾聽者的能力。前面我也曾提到，「移情」與「反移情」。如果傾聽方不能掌握好自己的情感，就會被捲進不安、憤怒的情感當中，最後甚至會迷失自己。只要諮商師能下決心好好傾聽「不安與堅持」的情感，心理諮商就能順利延續下去。

從「壓抑的情感」到「憤怒的情感」

到了第四次、第五次的療程，AR小姐的主要情感發生了變化。變成了「2.憂鬱的情感」和「3.憤怒情感」的混合。

第五次療程的內容如下：

AR-5：兒子一時是改變了，但維持得並不長久，之後又開始不順利。看著兒子不屑一顧的態度，讓我感到心急、不自在。明明知道不好，但我還是忍不住開口指責他……結果我們又吵起來，進展得不順利，為什麼我總是這樣。

醫生說我「性格認真、對自己嚴格，所以看不慣孩子的馬虎任性」。我難道真的這麼認真嗎？確實，我是活得不輕鬆。兒子很小的時候，我真是拼了命、投入到忘我的地步……

朋友也說，AR啊，妳總是爲孩子那麼拼命。從那時起，我不知不覺地成爲了傾聽朋友的角色。是不是因爲我太認眞了呢？

可是，這些對我來說，都只是理所當然的事。……爲什麼會變成這樣……

我很討厭太認眞的自己。要是我更自由、更隨意一點，也許會更好。我常想，不要這麼束縛自己，或許更「隨興活潑」一些比較好。

反正人生就只有這麼一次，但是像這樣的想法，我對家人開不了口，但我想說，我不想只爲丈夫、兒子而活。可是，我現在還是得要想方設法讓兒子重新做人。

AR小姐所訴說的這些內容已經不只是關於兒子的青春期問題，更多的是她自身的內心表現。她的口吻變得平靜、情感的調性是以「2. 壓抑的情感」爲中心。

AR對於以往的生存之道失去了自信，感到自責。自責＝憂鬱。不管任何人，只要持續自責，心情就會沮喪。反過來說，沮喪就是自責的表現。要是發覺到自責的原因，我們自然會找到從憂鬱情緒中獲得解放的出口。

那麼，上述的第五次面談，AR小姐並沒有表現出憤怒。「2. 壓抑的情感」的背後一定隱藏著「3. 憤怒的情感」。

我們來分析一下，壓抑與憤怒之間的關係。

比如，你工作上犯了錯誤，被上司教訓了一頓。總之你會先保持平靜地向上司道歉說「我錯了，對不起」，然後深深地鞠躬行禮，接著離開房間。

但是，這之後，你的心情會是怎樣的呢？

你心裡一定會感到很憤怒吧。憤怒有兩種，第一種是：會自言自語地說「搞什麼？這麼小的事還要被叫去批評一頓」。第二種是：「就連這麼簡單的事都辦不好，自己眞沒用」的自責情緒。這個情況，往往是把憤怒對著自己。

如果能表現出對上司的憤怒，也就說明我們只要把情緒發洩出來就會舒服一些，不會繼續在心裡留下影響。可是，感到自責、對自己發怒的情況下，首先會讓我們產生憂鬱，之後會持續因此煩惱。

所謂自責，也就是責備我們的人就是我們自己，是那個我們內心裡的「認眞的自己」。「認眞的自己」會責備「失敗的自己」。「認眞的自己」指的是在爲人處世上盡心盡力的自己。「失敗的自己」指的是軟弱無能的自己。自責＝憂鬱的背景裡，一定隱藏了對自己的憤怒。

我們回到AR小姐的故事來看。她自責沒有教育好孩子。她開始懷疑起自己是不是過度認眞、沒有放鬆的餘裕、總是衝當傾聽的角色，卻無法表現自己。這種想法中帶有「孩子的問題是因爲自己造成的」這樣對自己的憤怒。所以我們從這次的療程中能理解她的情感是「2. 憂鬱的情感」和「3. 憤怒的情感」。

只要我們把這兩種情感分清楚，傾聽的能力就能夠穩定發揮，這是因爲我們看清了傾訴方的痛苦。於是，傾聽技巧的「步驟二、認同並傾聽」，我們運用起來會變得更輕鬆自在。

「悲傷與放棄的情感」

接下去第六次面談時，AR的話題變少了，不太開口。

AR-6：兒子沒怎麼變，有時候十點多才回家。要是以前的話，我會追究「去哪裡了？回來這麼晚」，但最近基本上我不這麼問。當然我不可能笑臉歡迎，但是還能回應一句「回來啦」。

兒子有些不情願地回到房間。但是和以前相比，回來晚的次數變少了。要是問他一句「你有在用功嗎？」兒子立刻反應說「什麼都問，有夠囉嗦」，我們還是會爭吵一番。前天是塑膠杯子飛過來了，杯子發出喀啦喀啦的聲音掉在地上……之後家裡就變得一片安靜。

AR小姐說話的聲音很柔和，比憂鬱時更柔和。她保持鎮靜地淡淡敘述著，聽上去似乎有些壓抑，像是想擺脫些什麼，她盡力想表述出一些客觀事實，也能隱約讓人感覺到她已經放下了一些事。

另外，在現實生活中，她兒子的憤怒情緒似乎也得到了一些改善。他深夜回家的次數變少了、發怒的次數也減少了。這是個好現象。

問題正在逐漸得到解決。那麼我們來看一下，在第六次的療程中，AR的情感達到了什麼程度。

AR沉靜的態度是「5.悲哀與放棄的情感」的表現。

AR作爲妻子、主婦與母親，一直非常專心地養育孩子。努力走到今天，她決心放下一些事。或許是她感覺到，走到這個地步她已經盡力了。也或許是與兒子一再爭執，她不斷地責備自己，並爲此感到疲累。

無論如何，AR小姐的心情現在很平靜。這就是解決問題的關鍵。在心理諮商的場合中，個案「安靜」下來，變得越來越寡言了，這就說明問題在逐漸解決。這個結果反映在了第七次的面談時，也就是我這章裡一開始所介紹的、AR與兒子的對話中所發生的事。以下我再引用一次這段過程。

「喜悅的情感」報告

AR-7 ……省略……兒子又生氣大吼「吵死了，老太婆」。那時候我一邊想著「啊，又來了」，一邊想著「確實我很煩」。對兒子隨口說了一句「是啊，媽媽眞的是很囉嗦」。兒子愣了一下子。丟下一句「是啊，你知道就好」，就躲進自己房間了……（後略）。

就這樣，AR小姐與兒子之間的青春期問題逐漸解決了。

以下是第八次的面談。

AR-8

……兒子最近晚上不出去玩了。這一個月他都乖乖回家。我準備晚飯的時候，要是以前基本不去叫他出來吃飯，他是不會主動出來的。但是最近他會在廚房周圍轉來轉去，問我「要不要幫忙？」。我嚇了一跳。那和曾經說我是「死老太婆」的兒子完全不一樣……（後略）。

現在她的情感想當然耳是「6. 喜悅的情感」。在這之後的療程中，她非常高興地告訴我，她和兒子能夠和睦相處，他們逐漸建立起新的家庭關係。

從此以後，AR小姐的話題也逐漸轉移到了自己的原生家庭上。然後經過五次療程，最後結束了心理諮商。

就像這樣，這段心理諮商過程是從「1. 不安與堅持」開始，逐漸按照六種情感的發展順序變化，直到解決問題。

到了這個階段，很多讀者應該都察覺到了？『4. 恐懼』怎麼沒提到，是不是跳過去了？」是的。在AR小姐的療程當中並沒有談到恐懼。心理諮商中沒有恐懼的敍述是很正常的。可是，沒提到恐懼不代表這個的階段不存在。實際上，AR在療程中都持續提到過。

AR-11：那時候（兒子的家暴問題在快得到解決的時候），我已經精疲力盡了。在家裡沒人的時候，我一個人倒在床上，回想起很多事，小時候的事、學生時代的事、結婚時候的事等等，一個人開始發呆。

現在想想其實挺奇怪的，有時想「啊……這輩子全完了」，但又突然想著「不能這麼想」，而感到有些害怕。到了傍晚，外面天黑了，我總算能爬起來出門買東西……這種狀況持續了兩三天……（後略）。

雖然時間不長，但是她卻感覺過這種面臨恐懼、動彈不得的內心反應。這種情感是人改變自己的時候，一定會經歷的情感。這是我們爲了自己到底要不要放下一直以來所堅信的「生存之道」（規則），也就是至今爲止的「努力」，所感到不安的恐怖。

這是我們爲了要不要放棄，一直以來爲了生存而拚命維持的「保命繩」而感到忐忑不安所帶來的恐懼。但是如今的環境、心境已經和過去不一樣了，腳下沒有谷底、腳尖的十公分下，有著一片平靜的翠綠草原。這一點我們本人也都明白。可是，要我們放棄至今從未放開的「保命繩」，的確會感到恐怖。可能連我們本人也未能察覺，但當我們在心頭出現「啊！」一聲回想起什麼時，就已是放開手立足在新天地之上了。

恐懼的表現有很多種，也有的是在面臨恐怖逐漸表現出「4. 恐懼」的情況下。這種情況下，我們基本上需要藉由心理諮商對內心深層作整理。比如，從小受虐長大的個案所接受的心理諮商就是如此。關於這點，我們在下一章當中會提到。

讓生活安定的語言

當傾訴方開始暢所欲言時，心理諮商的進展就會加速。這個階段中，個案闡述的內容往往是日常生活中沒有機會敍述的事，是其深層情感。

在日常生活中，我們是不是無法察覺到內心深處呢？其實不是。我們是有察覺到的。可是，這些情感並沒有被表現出來的機會。在安定的生活中，沒有必要刻意用語言來表述。要是我們全部表達出來，可能也無法正常生活。

有工作的人，工作會因此停滯不前，主婦媽媽會無法正常做家務、接送孩子。一定程度的壓抑情感，暫時將其積壓著，也是一種維持生活與心理穩定的必要方式。這有時會被稱爲情感壓抑，但維持這一點也很重要。

儘管如此，在生活中，對「憂鬱」（第二級）和「憤怒情緒」（第三級）的感受變強時，也令人飽受折磨。這時候，我們會重新回到第一級「不安與堅持的情感」，重新出發。將心底深處的情感收藏起來（或是壓抑），是我們的社會生活中的一種「理性」。換句話說，這是我們日常使用的「語言」，因爲我們是透過語言來維持生活的安定。在生活中，理性必須優先於情感。

另外，無論是否是在心理諮商當中，如果一個人受到嚴重的傷害，平時不會從正面表達出來的深層情感便會出現。而隨著開始暢所欲言、或是面對自己的深層情感時，平時不會浮上檯面的情感就會出現。

那時候的情感的力量很強大，隨後不久就會轉化成「語言」。

如果「語言」產生變化，就說明日常生活中的「理性」也改變了。也就是說，生存之道與生活在發生改變。只要「語言」改變，問題就能得到解決。

語言改變的時候，生活中也會發生一些小變化。

AR在第七次面談中告訴我。她忍不住對兒子說了一句「是啊，媽媽真的是很囉嗦」。

這就是變化。

變化就是一種契機，母子關係就此發生了變化。

如果掌握好傾聽技術的「步驟三、傾聽情感」，下一步就能見證內心的巨大變化，也就是「契機」發生的階段：「步驟四、傾聽糾葛」。

第 5 章

傾聽糾葛

所有煩惱都源於「內心的糾葛」

1. 說盡內心糾葛後，「搗蛋鬼」就會登場

意想不到的「事件」會改變現狀

這是某次我去聽古典音樂會時發生的事。整個節目是由當地的樂團與從歐洲特別邀請來的小提琴手一起表演小提琴合奏。演奏一開始，觀眾們就非常投入享受。現在回想起來，這是一場可以說好也可以說不好、極其普通、正如預期的演奏會。

可是，在第一樂章後半段的時候，突然所有的音樂都停止了。那一瞬間，整座演奏廳的觀眾們開始竊竊私語。但仔細一看，大家才知道，原來演奏者的小提琴琴弦斷了。

演奏因此中斷，演奏者立刻消失身影回到自己的房間。

過了一會，演奏者拿著修好的琴弦回到舞台，現場觀眾拍手鼓掌，當觀眾們安靜下來後，演奏又重新開始。那時候，小提琴就像出了什麼問題一樣，聲音出

乎意料地大。聽起來這不光是因爲換了琴弦，我還能聽出演奏者有一種想彌補失敗的情緒。之後，管弦樂的音色也變得讓人難以置信地豐厚，觀衆反應也很好，成了一場非常精彩的演奏會。

從演奏者的角度來看，經過反覆的練習，本來非常熟悉的樂譜，卻因爲一個小問題，改變了整個演奏的內容。這件事我是第一次遇到，所以對整個過程深有感慨、銘刻於心。

那時候，我想到的是「Trickster」這個字眼。

「Trickster」有各種不同翻譯方式，比如魔術師、江湖騙子、欺詐犯，可以說他們盡做的都是些「打破規範」的事。在精神分析與心理學的領域裡，「Trickerster」所指的是改變內心流動的「搗蛋鬼」。

在我的印象裡，「Trickster」就像以下這樣：

兩位男性面對面站著。這兩人互相瞪視、表情嚴肅地大聲爭執。這樣的氣氛使周圍的人都無法靠近。就在這種情況下，「搗蛋鬼」出現了。他在別人不知不覺中站到了其中一位男性的背後，然後突然用膝蓋頂著那個男人的膝蓋窩，讓他反射性地跪了下來。下一瞬間這位男性暴怒大吼「你幹什麼？」，但接著他腳步踉蹌地苦笑著說「我們在討論嚴肅的話題，不要打擾我們！」。

然後，因爲這個契機，兩位男性之間的對立情緒就像被潑了冷水一樣，在這以後他們討論的方向朝著意想不到的方向進展，問題就此得到解決。周圍人也鬆了一口氣，但那時候搗蛋鬼已經消失無蹤。

我們再回到演奏會的事，是這樣的，演奏會開始，管弦樂和演奏者都在投入演奏。可是，觀衆們或許有些感到不滿。這位演奏者本來應該發揮得更好，當地的樂團也很努力……可是總覺得還缺了點什麼……本來就是這個水準嗎……就在這時候，搗蛋鬼出現把琴弦切斷了，我是這麼想的。

同理，在心理諮商的過程中也會發生這種情況。一個小小的契機，會大大地改變我們內心的流動。那件事在整個日常生活當中，其實是件很小的事，但是就像琴弦斷了一樣，是個出乎意料的事件。

(二)搗蛋鬼的作用是將內心的解決方法化為現實

心理諮商中的「事件」會在什麼時候發生，我們無法正確預測。可是，這大多是在心理諮商進入佳境時發生的。

這對心理諮商師來說，是在治療有進展、傾聽情感流動以後，進入「步驟四、傾聽糾葛」時開始發生的。

從個案的角度來看，那是在說盡各種怨言、不安、憂鬱，以及表達出各種憤怒以後，「就算把他整個人倒過來，什麼也倒不出來了」的狀況。那也是即便如此，他自己內心的苦悶仍然沒有得到任何的解決，對於接下來要怎麼辦、前景一片空白，感到痛苦無比……的時候發生的。

儘管到「事件」發生為止，都是以不安、憂鬱、憤怒為基調的晦暗、沉重的情感，但是氣氛會突然轉為輕鬆，口吻也變得平靜下來。有時候，個案會表達出一些超越煩惱的言語。

這之後突然發生的「事件」，可能連個案自身都未察覺。可是，現實的生存之道已經在慢慢改變。

而創造契機的正是搗蛋鬼。

搗蛋鬼的角色，是將內心的解決方案化爲現實。內心的解決方案，是指解開糾葛，此時內心會發生以下的現象：

也就是我們內心的疙瘩會解開，胸口不再鬱悶、我們會從內心的束縛中解脫，得到自由、凝固的情感（不安、憂鬱、憤怒）會消失，從此撥雲見日、視野得到解放。

最後，我們解開了人生的難題等。

搗蛋鬼似乎是因爲看透了這一切，才來到我們身邊的。

2. 徹底傾聽因女兒不願上學而煩惱的NF陳述

長女小R不願上學

下面我來介紹一則案例，是關於因爲女兒不願上學而來到我的診所諮商的媽媽。我想首先，我們一邊回顧我在第四章裡曾提到的「傾聽情感」，一邊來仔細看看直到搗蛋鬼登場前的經過。

NF是位四十二歲的女性。家庭成員包括了四十三歲的丈夫與九歲的長女小R。

她大學畢業以後一直從事專業工作。身爲主管，有著四名下屬。

NF之所以來到診所是爲了女兒小R的事。小學三年級的小R突然說不肯上學了。早上起床就說「討厭，不想去學校」，NF總是努力地說服女兒，直到把她送去學校爲止，總要花上十分鐘、二十分鐘，有時侯甚至三十分鐘。

她到了學校上課很安靜，卻不願意吃學校準備的餐點。說是感覺不舒服、噁心，但是她在家吃飯很正常。最近是早上要是沒人送她上學，她就不去上課。這讓平時工作繁忙的NF小姐很困擾。

「是不是我不會帶孩子，搞砸了」、「是不是小R有心理發展障礙，需要做心理發展障礙檢查……」。這讓她總是突然感到不安。

孩子不願上學，對養育子女感到不安……就這樣，療程開始了。

NF很努力地想解決這個問題。

NR-1：小R不願去學校，我找了學校的心理輔導老師諮商了這事。心理輔導老師說「還是得讓她上學比較好」。我就這麼告訴了女兒。我心裡也明白不能讓她覺得「不去也行」。之後就想方設法地讓她上學校。她說「害怕學校午餐」，但這個星期還是去上學……（省略）

上星期一早上，她又說「送我上學」。那正好是我要去上班之前，我因此忍不住發怒了。我對女兒的態度感到焦慮浮躁，本來我沒必要那麼嚴厲的，但還是訓斥的說了「妳在說什麼？乖乖上學、不要撒嬌、乖乖吃學校午餐」。我覺得和平時的自己有些不一樣。

我看了一眼，女兒一瞬間似乎愣住了。我覺得自己有些過分，但在那個情景下，我沒能控制住自己。沒有辦法，我只好騎腳踏車送她去上學。女兒靜靜地從後面緊緊地抓住了我的腰。

快到學校的時候，她放開手說「媽媽，謝謝，R就在這裡下車」，然後朝著正門走過去。我想應該是她不願意讓同學看到被媽媽接送吧。

之後我趕回家，雖然遲到但還是上班了。在電車裡，我好討厭這樣的自己……我想想覺得小R好可憐。但是到了工作開始時，我總算切換到了工作狀態……（後略）。

這是覺得不安卻一直堅持著的NF小姐。心裡一邊想「真是辛苦」的我沒有插話，靜靜地聽了下去。光是找到了傾訴對象，這點就能讓傾訴方得到放鬆。她特地請假來到這裡，我希望盡量能使她感到放鬆一點。

給媽媽關於心的「解釋」與建議

到了療程的最後（剩下的三〇%的時間），我向NF解釋了兩件事。

首先是小R沒有心理發展障礙。理由如下：上課能安靜聽講，顯示了她能集中注意力；能和同學聊天，但討厭學校的飯菜，這樣的症狀很特定。到了學校附近，她會在意同學的眼光，足以說明了小學三年級的她完全能理解社會關係。還有，母女吵架以後，她會靜靜地坐在自行車後面，最後還向母親說了「謝謝」。這就顯示她在忍受了低落的情緒之後，迅速地切換了心情。這些內心的動向，對於有心理發展障礙的孩子來說是不可能的。我告訴她，基於這個理由，沒必要特地去做心理發展障礙的檢查。NF聽了以後，流露出同意與安心的表情。

接著，我們該怎麼面對小R這種情況，我給了以下的建議，「她不願上學、不吃學校餐點的理由是情緒緊張的表現。如果在家可以給她一個安心的環境，問題就會改善。要做到這點，每天就算是十分鐘，二十分鐘也可以。一天一次給小R一個傾訴的空間。妳要能不插話，就只是靜靜地聽她講話。」

然後，我做了具體的說明。方法是，就只問「小R，今天學校怎麼樣」，然後一直靜靜地聽她講。這就和心理諮商的「傾聽的技術」是一樣的。我還補充了一句「如果當天她什麼也沒說，那就這麼結束」。這段過程由媽媽來進行。

雖然說起來簡單，但是就和本書裡說的一樣，「保持沉默的傾聽」實行起來是很困難的。可是，NF小姐應該能做到。我的理由是，她是位很堅強的女性。另外，透過第一次來面談，NF應該體會到了靜靜傾聽使自己得到安心感的效果。這樣的經驗應該留在她的記憶當中。

我在面談的最後十五分鐘，向她提了這兩項建議。NF小姐這樣回答。

NF-1：謝謝你聽我說了那麼多，我感覺安心了。一直以來，我都是一個人默默煩惱，能全部說出來舒服多了。回家以後，我會嘗試聽小R說話。

兩週之後，我們進行的第二次療程。

NF-2：你說叫我不要插嘴，聽孩子說話。我開始這麼做，可是剛開始小R似乎總是把話說到一半就停下來。可能是不想讓我擔心，刻意在迎合我。我反省自己沒能完全理解女兒的心情。想到你說的「如果當天她什麼也沒說，那就這麼結束」，我沒有催促她，默默等了好幾天。就在這段過程中，小R開始說起各種話題。

上個星期五下班挺早的，就去買了小R最喜歡的H屋的霜淇淋給她。我在霜淇淋上放了一片西瓜給她，她好開心。她告訴我學校的事、同學的事。我也一邊吃霜淇淋，一邊提醒自己執行了「二十分鐘不發表意見」。我感覺我和小R情緒都很穩定。

現在反過來回想，我到現在爲止，只要孩子一說話，我就會覺得麻煩，不希望她打擾家務的心態比較明顯。怎麼說呢？孩子很可愛，她明明是個好孩子……就是從那時起，她開始不願去上學的。我總是想怎麼辦，不知道會不會又提「不想去上學」。但我告訴自己，如果同樣的事發生了，那我就再來這裡請你聽我傾訴。

找回自我主張，女兒開始吃學校午餐

吃東西這個行爲，是人類最大的自我主張。剛出生不久的嬰兒的第一個主張，就是「我要喝奶」。自我主張＝「表現自我」。長大以後，我們每天最大的自我主張也是如此。想吃那個、想吃這個，這些就是內心自我主張健康的證據。

小R是個乖孩子，她把和同學們和諧相處放在最優先的位置，所以在他人面前會避開自我主張。可是，學校午餐是必須「在他人面前做出自我主張」的行爲。在學校不表現自我，處處都有顧慮，會使人十分緊張。就像小R一樣，她不想在他人面前表現自我，所以連學校午餐都吃不下，這種情況是會發生的。

進入青春期、在母親面前不能表達自己的孩子，一般會得厭食症。大家都知道，厭食症的心理原因一般和母女關係（母女對立）有關。另外，人一旦得了憂鬱症，不斷自責之後就會失去自我主張，同時食欲也會消失。食欲低下與體重減少是憂鬱症診斷的一項標準。就算達不到憂鬱症的程度，很多人也應該經歷過，一旦自己情緒低落、喪失了自信就會感到食欲不振才對。

小R向媽媽傾訴，從中得到了認可。如果，發言＝自我主張。那麼，傾訴＝得到認可。就是這段過程，使得小R開始接受學校午餐了。這種心理狀態的「解釋」，讓媽媽感慨並且驚訝地說「原來心與心的連結在這裡」。

孩子的心靈比成人更柔軟，是因爲他們的「生存之道」還尚未固著下來，所以自我組織的能力很容易得到啟發。另外，到小學六年級爲止，孩子的心跟媽媽是密切聯繫在一起的，所以只要媽媽能親切地聽孩子說話，孩子的內心就會產生變化。傾聽的力量會更容易得到發揮。

小R在那之後，也會時常要求媽媽送她上學，不想吃學校午餐等。但是不久之後，這種訴求逐漸消失，她現在每天高興地去學校，就連她最不拿手的體育課也變開心了。

就這樣，女兒的問題解決了。在不安與堅持中掙扎的NF小姐，透過「靜靜傾聽」解決了這道難題。

爲了關於孩子的輟學、自閉、家庭暴力、行爲問題來尋助的父母（基本是媽媽），絕大多數可以透過「靜靜傾聽」的方式解決與孩子之間的問題，可是要做到很難。首先父母做到「靜靜傾聽」大多需要半年到一年時間，和諮商師做到靜靜傾聽需要的時間相近。

如果父母本身抱有不安與緊張，就不容易察覺到沒好好聽孩子說話。在焦慮與不安之間糾結的父母，看不到孩子的內心。

這時候，父母很急於求助。他們會有「我是要按照孩子說的做，還是要嚴格地訓斥他不行就是不行，到底我該怎麼辦才好？」像這樣具體地要求建議，而且會提出這種兩選一的問題。

我一般會回答「維持現狀就行」，然後再加一句「媽媽覺得有餘裕時，可以聽聽孩子想說的話，靜靜地聽，就會聽到和平時不一樣的事」。就算不能馬上做到，我也會先建議「靜靜傾聽」。

想傾訴自己的「1. 不安與堅持」

關於NF小姐，她在短期間裡解決了孩子的問題。可是，沒有哪位母親是在孩子的問題解決以後立刻停止療程的，一定會開始談到自己的問題。她們心理上的變化是這樣的：

本來她們是爲了孩子的問題而來，透過傾訴，她們得到了安心感。

↓只要母親做到「靜靜傾聽」孩子的話，就會讓孩子安心。

↓這麼一來，孩子的問題就得到了解決。

↓感到安心的母親，會從中察覺到自身內心的不安與緊張。

↓會希望解決自身長年以來懷有的問題。

這是非常自然的心理變化。孩子到十二、三歲爲止，和母親的內心是同調的。所以孩子的心理問題＝母親懷有的心理問題。

在第二次面談的後半節，NF小姐繼續說。

NF-2……小R有精神多了，眞是太好了。（中略）其實，我以前開始就在吃安眠藥，並且在家附近的內科就診。雖然不是每晚，但我不吃藥就睡不著。昨晚也是半夜醒來好幾次，睡不著。小R的問題解決了，我卻精疲力盡。我工作很努力，卻也覺得很累很煩。這種感覺是第一次。我到底是爲了什麼在工作。我感覺失去了目標……

週口我就想著這些事，在客廳發呆。小R靠近我，坐在我旁邊。她對我說「媽媽，不要勉強喔」。我感到有些驚訝，忍不住回答她說「妳說的對……」，這句話連我自己也嚇了一跳。

到了小學三年級，孩子（特別是女孩子）基本上和大人一樣，能夠正確領會母親的心情。當然，對於母親在職場上的人際關係、工作內容，孩子不一定理解，但能領會母親是否有煩惱、心情是好是壞。她知道母親是爲了工作、家庭而感到疲倦，母女連心。

另外，NF在談到小R的同時，話題開始以自我爲中心。

第三次療程：

NF-3

……小R有精神多了，眞是太好了。（中略）

我只要離開安眠藥就睡不著。我昨晚醒來好幾次。我手上有份指定期限的工作，週六還有小學的家長委員會，週日有女兒的鋼琴演奏會。我的日程基本全排滿了，已經排不上了，但不得不排。

我先生說打算去女兒的演奏會，既然這樣就應該做些準備。但是關於週日早上要怎麼安排，他幾乎就沒考慮。他可能是想，什麼都不用說，早餐就會自動擺在他面前，眞是的。我心裡很急，我們兩人都在工作。家務是有分擔，但就好像只要這麼做就沒事了一樣……我最近早起很痛苦。有些工作這月底一定要完成。我每天加班，但還是趕不上……

昨天部長突然說「那個工作的方針改變了」，還說我們至今的準備工作都不需要了。說是和客户協商之後的決定。但是上個星期我明明確認過這事，上司還說「就按照現在的做法繼續」……我和屬下做的工作基本一半是白費工夫了。

至於我們被要求從頭再來的執行方式，是兩個月以前我在一開始就曾建議過的內容。那時候，我被上司否決說「這個做法不行」。可是之後，和客户協商以後，最終還是回到了最初的做法。我覺得上司應該是已經忘了這事。他總是說話不算話、總是要全部重來……對不起屬下……要是趕不上就會給客人添麻煩……

CO-3：辛苦妳了。

靜靜傾聽，不影響情感流動

到了這個階段，NF用語言表達出來的情感流動是「不安與堅持」。在這背後，有著她對部長的憤怒。這一點並沒有被表現出來，NF小姐也沒有察覺到這種憤怒。她壓抑著憤怒（忍耐）並堅持著。這種被壓抑的憤怒，也喚起了諮商師內心的憤怒。

如果察覺不到這點，諮商師會不由自主地想插話。比如說「部長好過分。工作趕不上明明是部長的責任，妳就這麼說，讓部長負責不行嗎？」等等。如果過於與NF小姐的訴求同調，就會變成了一種「支持、認同」。不能好好傾聽情感，就會變成這樣的結果。

如果要傾聽NF的情感，就對NF小姐說一句「辛苦了」，然後繼續聽NF之後的敍述即可。對NF小姐說的內容既不表示同意也不反對，就只是默默接受對方的痛苦情緒。事實上，NF小姐的情感流動沒有變化。NF繼續訴說著她的「不安與堅持」。

NF-3：嗯，我不堅持不行……還有一星期，我要全力好好完成才行。客户B先生是位非常認眞的人。如果這部分我沒做好，就會給B先生添麻煩。我決定好的事就一定要完成。可是，各種事同時發生，沒時間，很困惑……（後略）。

在這之後，工作的事、她先生的事等等……NF敍述了自己的「1. 不安與堅持」。就這樣，第三次療程的五十分鐘很快就結束了。在最後，我會給她回覆，內容如下。（順便告訴大家，五十分鐘的療程中，我對她的反應包括剛才提到的「辛苦了」在內，只有三個地方。其他也只有「是這樣……」和「嗯，原來如此」這些而已。

Co-3：嗯，好的。工作與育兒眞的辛苦了。NF小姐妳對上司、屬下也很用心。還要努力兼顧育兒和家務。我明白了。您很堅強。下次我們再一起觀察進展如何吧！

NF：我是很堅強。今天也說了很多，感覺很好。謝謝你。

（來訪時一臉緊張的NF的表情，一下子變成了和藹的笑臉）

只要細心傾聽情感，心理諮商的進展就會變清晰。當個案在敍述自己的「不安與堅持」時，我們一定要傾聽對方的情感。如果能好好傾聽這部分，個案的情感就會變平穩，下一種情感就會出現。

從「不安與堅持」到「憂鬱」、「憤怒」的情感深化

小R的問題到了一個段落。這之後心理諮商的療程變成了一個月一次。在第四、五、六次的療程裡，NF持續報告自己的不安與堅持，可是這三個月裡也逐漸出現一些新的內容。

我把那三個月的經過加以整理總結，內容如下。

NF-4：上次提到的工作，最後是我徹夜趕工才完成的。我很累。我想辦法撐了下來，可是有時候，我的情緒會突然變得很沮喪。

NF-5：工作還是老樣子，很忙，多得做不完。我總是堅持不到最後。我總是累得不行。我也知道要更努力才行，但是打不起精神。想到明天的事，我晚上有時睡不著，早上起來還是感覺疲勞。不知道是不是胃有問題，我到了中午沒什麼食欲……

NF-6：工作還是老樣子。很忙，怎麼都忙不完。我被部長呼來喚去，覺得很不

舒服。他總是拜託我做這做那，但對別人就不是這樣。爲什麼總是要我那麼拼命……前幾天他明明知道我在趕手頭的工作，還故意要求說「N，能不能加緊處理一下這份工作」。

經過療程四、五、六這三次見面，NF小姐一直重複出現「1. 不安與堅持」的情感，其中包含了「2. 憂鬱」的情感，這是自責努力不夠的情緒。「要更努力才行，但是打不起精神」就這句話就說明了這點。

考慮到心理諮商的進程，「2. 憂鬱」是「1. 不安與堅持」更加深化後的情感。

NF小姐開始敍述她更深一層的苦惱。儘管乍看之下她很難受，但其實這是好事。

不懂得傾聽情感的心理諮商師，往往會勸說「別這麼說，加油加油」。或是這麼說反話「太辛苦了，好好休息一下」什麼的。

在療程六裡，第一次出現的情感包括：

「被部長呼來喚去」、「覺得很不舒服」、「爲什麼總是要我那麼拼命」等語言。這些就是對工作與部長不滿的表現。NF小姐表現出對部長的不滿情緒，這是第一次。

不滿只是抱怨層次的情感表現。在療程五當中，表現出了情感從「2. 憂鬱」開始轉變爲「3. 憤怒」。這時NF小姐還沒有意識到憤怒。當她意識到的時候，應該會出現比如「部長好過分、好討厭那個人」等更爲直接的表現方式。

NF小姐在心理諮商過程中，表現出了1. 不安與堅持、2. 憂鬱、3. 憤怒的三種情感。

一對一的心理諮商的時候，「不安與堅持」比較容易以語言表現。與此相比，「憂鬱與自責」會稍難表現。「憤怒」則更難表現出來，原因是，作爲大人不該在他人面前表現憤怒。

當個案可以自由地暢所欲言之後，難以開口的情感表現會得到釋放。當確定有人傾聽自己時，心境會很自然地進入更深的層次。

開始訴說煩惱的根源——「內心的糾葛」

以下是療程七的記錄：

NF-7：我一直堅持著，但是很辛苦。工作還是老樣子，很忙，一直在趕工。前幾天，就在我非常忙的時候，那個部長又跑過來說「N，能不能加緊處理一下這份工作」。他應該知道我有多忙。我手頭上的工作也是他硬塞過來的。我眞想這麼對他說……

我還是笑臉迎人地說「好的，我想辦法」。我是不是很差勁，這樣下去……工作肯定會越來越多，我會忙到病倒。我什麼都自己扛，累極了。我眞的很討厭這種感覺。有的人面對上司這種要求會說「我領的薪水不夠我做這麼多事」，就這樣結束了，也沒被炒魷魚。我現在手頭有三份工作。部長也確實很忙。上司和我的工作內容不同，但是每天基本按時下班。我在加班。這是不是很蠢。我加班到晚上十點、十一點，還做不完。

我的工作方式不好，效率很差。所以我很笨、做不好。就這麼點事，大家都能做好吧？是吧？大家都很拼，所以我也得拼……我不知道自己爲什麼接這麼多事做，可是不接不行，大家都在拼……

這次療程七整體的情感流動是：自責造成的「憂鬱」和「被壓抑的憤怒」。NF小姐把對部長、公司或是自己的憤怒藏在心裡。「他應該知道我有多忙。手頭上的工作也是他硬塞過來的。」就是對部長的憤怒。

另外，「我是不是很差勁，這樣下去……工作肯定會越來越多，我會忙到病倒。」這是她對自己的憤怒。這兩種憤怒沒有被直接表現出來，而被壓抑下來了。也就是，「部長也確實很忙」是壓抑了對上司的憤怒。「就這麼點事，大家都能做好吧？」則是壓抑了對自己的憤怒，這是她在忍耐。當我們壓抑憤怒的情感時，會以「糾葛」的形式表現出來。感到糾葛的時候，給傾聽者帶來的印象是伴隨憤怒的「煩惱」。

NF小姐所敍述的糾葛內容是，

①工作不得不接，可是

②到了極限、接受不了、堅持不了、覺得過分……

就這樣，

①壓抑憤怒，想堅持下去的情緒（認眞的情緒）、

②已經到極限了，忍耐不下去的情緒（任性的情緒）。

這兩種情緒相互衝撞。當糾葛變成語言的時候，就進入了心理諮商當中最重要的部分。

傾聽糾葛是「傾聽」這份工作中最困難的部分。任何人都無法安靜地傾聽他人的糾葛，因爲「被壓抑的憤怒」很難往下聽。理由是，被壓抑的憤怒也就是糾葛，是任何人在一生中都經歷過數次的「痛苦的心理工程」。

能不能徹底傾聽糾葛，就要看諮商師的程度。當然，從表面上看，這和「靜

靜傾聽」沒有什麼區別。可是……

3. 所謂的糾葛是「該那麼做」和「想這麼做」之間的對立

要做到傾聽內心的糾葛，就必須先思考什麼是「糾葛」。

吃草莓麻糬還是草莓蛋糕？這是猶豫還是內心的糾葛？

比如你現在走進一家咖啡店，點了咖啡和甜點。咖啡決定點混合的熱咖啡。可是，甜點要點什麼你還在猶豫。你考慮了很久，最後決定從兩者中選一，也就是，X＝大大軟軟的草莓麻糬。Y＝大大的草莓蛋糕。兩種之間想來想去，想了十分鐘也沒決定。要X，還是要Y，你不斷地煩惱。那麼，這能叫糾葛嗎？

糾葛是伴隨著憤怒的一種煩惱。如果你是笑咪咪地想著要X還是Y，那麼這就不是糾葛，只是猶豫。

可是，就在同樣的假設情況下，如果你想起你在一個月前接受了健康檢查，被指出脂肪攝取過量，需要注意的話，就應該會選擇「脂肪比較少的」吧，也就是「應該」選擇脂肪少的草莓麻糬。

就在這個時候，如果你本來就想吃X的草莓麻糬的話，那麼問題就解決了。可是，如果你今天無論如何都想吃Y的濃厚鮮奶油蛋糕……那麼你從這裡開始就發生了內心的糾葛。

也就是，糾葛是指應該要這麼做的「規範A」（應該要限制脂肪攝取）和做不到這點的「情感B」（就是想吃鮮奶油）這兩者間的衝撞所產生的。覺得無論如何都該要遵守「規範A」時，產生了痛苦。這時，你應該在內心產生了對「規範A」的憤怒。這是對於決定了「規範A」的健康檢查的憤怒，或是對無視脂肪攝取過多的自己憤怒，也或者兩者皆是。

定義煩惱的根源——「內心的糾葛」

我按照了本書的脈絡重新定義了糾葛。

表5　糾葛的定義

糾葛的定義：糾葛是指，在規則A與情感B的對立中，為了堅守規則而感到痛苦。	
生存規範A＝生活規則	現實情感B＝痛苦、憤怒
例：被指派的工作非得好好完成收尾不可。	例：已經累了想休息，這樣過分嗎？

在應當如此的「生存規範A」（生活與工作的規則）與難以照辦的「現實情感B」（想這樣、討厭、難過）之間的碰撞中，想要維持規則所產生的痛苦。

以NF的例子來說，「生存規範A」是指部長安排的工作一定得在期限內完成的這項工作規則。這在NF小姐的心裡，就和一定要好好做家務和育兒是同樣重要。然後，早上就算再難受，也要好好洗臉、準備、化妝、出勤，晚上要刷牙才能睡覺等，這些關乎生活的人生整體規則，都已經徹底被灌輸在我們腦海裡了。

「生存規範A」是生活的規則、工作的規則、人生觀和世界觀。這些規則彼此之間互相緊密聯繫，被體系化、組織化。所以要人一方面工作上隨隨便便，但另一方面家務上卻很仔細用心，這不太可能。NF小姐是一直按照這個規則活過來的。就算工作很辛苦、部長很過分，也不能一下子改變她所有的規則。所有的規則是「一整套」的。

「現實情感B」是指那時候最坦率的心情。儘管已經累到不行，再也工作不了了，但是如果早上七點不起床，就會趕不上上班時間，不過今天好睏好睏、好想睡。爲了控制脂肪應該要選草莓麻糬，可是今天想吃蛋糕，也是一樣的狀況。

在日常生活中，我們總是會面對很多小小的糾葛。這就是「早上要起床，但是很睏」、「午飯時間還沒到，但是肚子很餓、好想吃飯」等等。可是這些糾葛＝規範A與情感B的對立，並沒有造成很大的痛苦，大多情況下，規則與情感是可達成一致的。

比如以下這種情況早上起床很難受，拼了命下床、洗臉之後，心情變得清爽了。我們會想「好，今天也要加油」。另外，雖然肚子餓了，但離午飯還有一段時間，我們可以想想今天中午要吃個什麼好吃的，滿懷期待地加油、等待。

透過調整自我，規則A和情感B是可以達成一致的。

更換交織人生的縱向線

能夠遵守規範，人就會有自信，情感也會得到滿足感到喜悅。像這樣的規範與情感的合解過程，每天都在我們內心重複上演，由此不斷交織而成了人生。

如果人生是一份紡織品。那麼規範A就是縱向線（經紗），情感B就是橫向線（緯紗）。

縱向線是把人生這份紡織品變得更爲牢固的重要構造，也是讓人生得以延續的基礎。橫向線是爲我們的人生增添光采、帶來樂趣的潤滑劑。要是沒有縱向線，這些花樣就無法被表現出來。而且，縱向線一旦被縫織上去以後，要更換並不容易，正因如此人生才會安定。

可是，人的一生中一定會面臨幾次不得不更換縱向線或者補足加強的情況。

第一次大的更換就是青春期。從那時起，我們會對以往由父母灌輸而編織出的紡織品產生疑問，想創造自己的人生——和父母不同、更有自己風格的人生。並且透過反抗父母、做出和以往不同的選擇，在煩惱中創造出自我。也是此時，父母灌輸的想法＝至此為止的縱向線，和對此產生懷疑的內心之間產生了糾葛。我們不是調整情緒迎合規範來作為解決之道，而是更換規範（一定程度），將情緒與規範加以調和。

第二次的更換是在三十歲的前半段。這時我們工作穩定、結婚組織家庭、孩子出生。就算是單身，也是處於生活比較穩定的階段。這是成人期的心理發展。就在這個階段，如果重編不順利，發生嚴重的糾葛，就會導致憂鬱症發作。

第三次是在四十歲到五十歲的中年期。事業家庭都很穩定，但是，至此努力的疲憊感開始出現。面對人生的後半段，如果我們不稍微改變自己的生存之道，就會開始感到痛苦。

第四次是在六十歲到六十五歲。此時人生的主題是工作退休、和孩子分離等等。面對人生的最後階段，我們需要達成的心理課題是，要怎樣活出自己。

每一個階段，人都會有糾葛和煩惱，必須不斷修正自己的生存之道。就像NF小姐那樣，面對孩子的輟學問題，她決定接受專業的心理諮商，但大多數的人會試圖自己解決問題。各位讀者朋友，你們現在面臨著這四個階段中的哪一個呢？應該沒有人還沒經歷過第一階段的青春期吧？那個時候，你是怎樣更換自己的縱向線的呢？你可以試著回想一下。

改變生存之道的深層糾葛

NF抱有很強烈的糾葛，要解決沒那麼簡單。至今爲止，她長年以來嘗試過多次重來，提起精神想讓自己的規範A與情感B統合，但是已經到了極限，情感B已經成了憤怒。然後壓制憤怒的規範A動力越來越弱，憤怒逐漸地轉變主導。

開始迎來縱向線的更換階段。

以下是療程八：

NF-8：我很痛苦。身體已經不行了。我感到很疲憊，工作也沒有進展。不行了，我想辭職……晚上還是睡不著。昨天我在公司工作到很晚。回家睡覺時已經是二點多了。早上我七點起床…… 只睡了四個小時。我想休息。可是沒法休息。我的工作有期限。眞想放下手上的一切，我想做個了斷。可是我做不到。這會給很多人添麻煩。我要怎麼辦才好。我只能向前。我想問問部長有沒有辦法。但是，我想他不會爲我考慮這些……

NF小姐不斷地傾訴內心的痛苦。

在必須努力下去的規範與已經努力不了的情感之間掙扎。可是，療程七和療程八相比，很明顯地，情感的部分成了主導。也就是在療程七當中，NF小姐很努力。儘管她很痛苦，但她對拼了命的自己沒有存疑問。她對堅持不下去的自己感到自責，只是這樣。可是，在療程八當中，她很果斷地說「我不行了，堅持不下去了」。她的堅持中斷了，她再也無法壓抑「難過、痛苦」的情感。

接下來是療程九：

NF-9：我難過、痛苦、疲憊。我不行了。我想辭職。和我先生商量以後，我先生說「那種公司辭了吧，休息一段時間」。我那麼認眞工作，但部長卻不知道工作的進程，他就當沒看見一樣，反正是很過分。我才不想在那種上司底下工作，我早晚會崩潰。現在我在考慮換部門，或是辭職、轉職什麼的。

至今，我都想方設法地維持到現在。但是，我不願意因爲這些事把自己搞垮。那個部長很無能。最近他和被派遣來的年輕女同事在工作時間聊足球比賽什麼的。我心裡想說，你有時間聊天，幹嘛不快點教她工作，讓她趕快工作呢？那個部長太沒水準了。眞是的……

NF小姐在這部分第一次表現出了憤怒，表現也變得直接了。

「規範A必須努力」與「情感B堅持不了」的對立，是以她的情感爲主導，內容則是從「堅持不下去、痛苦」到「堅持不下去，想放棄」再到「爲了這些事拼命，眞是沒意思」的變化過程。規範A就此失勢，憤怒浮上了檯面。

憤怒是破壞力，破壞了規範A。

糾葛的內容發生了巨大變化，這點一目了然。

4. 煩惱的構造與朝向解決問題的糾葛三階段

產生煩惱的糾葛，有著三階段進程。

糾葛的階段一、發生煩惱與自責——受困於「煩惱的構造」

這個階段「1. 不安與堅持」，「2. 憂鬱」的情感佔主導。

在我們的日常生活中，常會遇到這些糾葛。一般來說「規範A」與「情感B」不會有太大的對立，可以適當調和。

可是，在人生的某階段，規範A與現實B之間會出現很大的鴻溝。AB之間的糾葛會變得很強烈。剛開始，我們還會爲了守護規則A而努力，可是一旦感覺挫折，會開始自責說「這點小事都做不好，自己太沒用了」。如果這種狀態固定持續一段時間，就會讓人感到痛苦與不安。

表6　糾葛（煩惱）的三大階段

	心理狀態／情感	規範A與情感B的對立	規範	情感
階段一	產生煩惱並自責 1. 不安與堅持 2. 憂鬱	想遵守規範A，努力了卻做不到，因此自責	○	×
階段二	厭惡自己 3. 憤怒表面化	接受情感B，把憤怒指向規範A	×	○
階段三	糾葛的崩潰 5. 悲傷與放棄	接受規範A，不否定情感B	△	△

人的煩惱在構造上是共通的。「強烈的糾結會持續一段時間」，這是煩惱的本質。人是因爲受困在「煩惱的構造」中而產生痛苦的。

煩惱的形式是，站在A的角度來看，批判身在B無能的自己。

也就是，

規範A（〇）⇓情感B（×）

批判做不到規範A的自己，從「認眞／上進／努力」↓慢慢變成「自責」。把憤怒朝向自己↓變成「憂鬱」，煩惱就會持續下去。

在這個階段，本人對規範A沒有質疑，也對規範A本身沒有意識。恐怕連本人都不明白是自己所相信的哪種規範在批判著自己，就在這樣的情況下煩惱著。從規範A的角度所看到的那個沒用的自己（＝情感B），就是我們所看到的煩惱的全部，它佔據了我們意識的中心。

NF小姐在療程四、五、六裡重複的「不安與堅持」，逐漸變成了對自己做不好工作而感到自責。進行指責的「自己」，是那個遵從著規範A的自己。被指責的「自己」，則是那個難以照辦的自己。

在不斷自責的同時，又不斷堅持的話，人就會發覺自己「一直在原地打轉」。這種感覺是指我們的煩惱得不到解決，總是思考一件事、沒有新的進展、找不到出口，也就是察覺到了自己正在煩惱。

同一件事重複不斷地發生，人就會產生厭惡感，會開始客觀地看待自己。客觀看待是指察覺到了自己過於被「煩惱的構造」所影響。自然而然地，糾葛（＝煩惱）就會深化到第二階段。

糾葛的階段二、對自己發怒——察覺「煩惱的構造」

在這個階段「3.憤怒」會表現出來，佔了情感的大部分。

到了第二階段，我們會再次感受到現實的心情B，然後接納它，開始爲堅持不下去的自己辯護、接著改變以往的態度，開始惱羞成怒。

透過反應「這麼痛苦的生活，我已經受夠了」、「爲什麼要爲這些事每天痛苦」、「受不了了」等，NF開始強烈地接受情感B。NF小姐在這種情況下是直接表現出對部長的憤怒，憤怒的同時還朝向了不斷努力堅持的自己，那個不得不努力的自己。她對於那個過度認眞看待這些事的自己感到愚蠢。也就是說，對情感B的肯定，以及與對規範A的反抗與否定。

規範A（×）⇑情感B（○）

我們會開始反駁說「B也不錯啊」，把情感B當成一種對立的思維，開始意識到規範A的存在。發覺自己一直以來在不知不覺中維護的規範A，其實在無形中束縛著自己。我們第一次把它作爲思考的對象，同時回顧至今的生存之道，並考慮今後該如何是好。

就在這個階段，人會意識到「煩惱的構造」。想要擺脫這些煩惱，我們會開始客觀看待煩惱。

「以前我一直執著於認眞看待所有事，這種思維到底有沒有問題？」。從NF小姐的案例來看，在療程七裡，她開始否認自己的堅持，說「我還在加班，這太蠢了吧」。然後批判自己爲了那個部長而努力。她說「部長對工作進程一點不了解，總是當成什麼也沒看見，完全沒在看工作……不管怎樣就是很過分。在那種人手下工作，我早晚會崩潰」，在療程九當中她很明顯地接受了情感B。

「工作辭掉算了」，她表現出憤怒的同時，傾聽方也接受了這種憤怒情緒，讓NF小姐感到如釋重負。如果我們能認同對方，並好好接納對方的情緒，對方會感到很高興。就這樣，NF小姐正式地接納了自己的憤怒（情感B）。

卽使這樣，「辭了工作」、「那個部長很沒水準，眞是的」等對憤怒的直接表達，讓聽的人也感到很痛快。

那麼，今後會有什麼進展呢？當然煩惱本身還沒得到解決。

她會有一段時間，徘徊在第一階段與第二階段之間。

如果她帶著憤怒，把工作辭掉的話，就無法生活下去。就算能夠維持生活，在丈夫面前也很難抬起頭。今後的人生很有可能就停滯在原地，所以工作沒那麼容易馬上辭掉。也就是說，規範A也很重要的。另外，憤怒的情感如潮水般的湧出，無法停止。她內心產生了「這種工作，幹不下去了」的情緒，這也是合理的。

規範A很重要，可是情感B也不能否認。在這裡我們應該以對等的態度面對A和B。這就是第三階段。

糾葛階段三、糾葛後的崩潰——擺脫「煩惱的構造」

在這個階段中，「5.悲哀與放棄」會靜靜地擴散。

規範A與情感B之間的往返跳動還在持續著。

也就是，第一階段的「規範A優先＝工作不能馬上辭掉」和第二階段「情感B優先＝已經吃不消了、過分的部長、自己很愚蠢」之間的往返。一天是拼命工作，一天是已經吃不消了感到憤怒，接著下一天又會開始拼命……她就在這兩者之間擺盪著。

在這樣不斷反覆的狀態下，即她既能客觀地看待規範A，同時也能客觀看待情感B。她會察覺到「我是爲了這些事在生氣」。客觀是指，跳到遠處觀察自己所認識的對象，和被該對象所束縛的自己之間保持距離。她會就此擺脫束縛、離開了A，也離開了B。A和B都行。這導致她產生一種類似放棄的觀點。

AB之間的一天一往返，變成了一小時，然後更短，變成了A與B之間的高速震盪。到了這個狀態，就不是A與B的關係，而是A與B的疊合。原本互不相容的事物，最後彼此融合在一起。於是A與B的對立，也就是糾葛的力量就會消失。這就是糾葛（煩惱）的崩潰，她也就此跳出了「煩惱的構造」。

她說盡了也感受盡了情緒的兩面性，思考與情感的高速震盪，不久糾葛就會被瓦解。也就是：

規範A（△）⇕情感B（△）

「兩面都要兼顧。這沒辦法……」、「解決不了」、「連自己都不知道……」、

「我到底是爲什麼在煩惱」。

A與B是彼此對立、相互無法包容的心理狀態。可是，她自覺到，兩者同時存在著。

這時痛苦越過了頂峰，和在進退兩難的糾葛中深度絕望和解放兩種情緒交融在一起。

結果，連她自己都沒能想像的情感便湧現出來了。

規範A（△）⇕情感B（△）⇓C「算了吧，先這樣」

C「算了吧，先這樣」是內心裡的解決。只要我們追隨它，在現實世界裡就會出現解決方式。

那就是搗蛋鬼的登場。

首先內心會解決煩惱

NF小姐的心理諮商也已經達到了這個層次上，此時心會先找到解決方式，隨後在現實世界中的解決方式會出現。

首先來看一下療程十吧。

NF-10：工作我算是勉強在做。但是很累，沒辦法。我想把工作辭了。可是，我好不容易累積下來了這樣的成績。可是，我又幹不下去……我覺得很蠢。在那種部長屬下工作，因爲這樣崩潰，太划不來了。

三份工作中，一份在我上星期好不容易趕上了。在完成的前三天，我每天加班到最後一班車的時間。又是這樣（笑）。另外兩份我也管不了了會怎樣。對部長說這些也沒用，乾脆不說。至少我不想再這麼拼命了。辭職、轉職、換部門等我都想過了。反正也死不了。我還是再觀察一段時間，多看看情況。

除了那三天以外，基本上不加班。有時候我早點回家，在家裡放鬆一口氣、喝喝啤酒，很好喝。女兒小R說「媽媽最近挺悠閒的」。我不知道那孩子明白多少，她最近在學校正沉迷於玩指揮棒。

A與B的緊張關係「糾葛」被瓦解了。NF小姐的情緒很平靜。開始客觀看待自己。感覺放開了或是放棄了。在情緒背後流動的悲哀沉靜著。

她說著「又是這樣（加班）（笑）」，露出了笑容。

笑的本質是「緊張的突然緩解」。精神上的緊張會在某個過程中突然間緩解，然後引發笑意。在落語和漫才中也是，當觀眾們屏息期待著話題的流向時，如果突然出現了不同的流向，就會引起觀眾的笑聲。

NF小姐之所以笑了，是因爲她察覺到了自己居然爲「就算熬夜也要把工作完成」的這種生存之道感到緊張，覺得這很荒謬可笑，使得這種緊張感被解除了。在這瞬間，NF小姐從痛苦的生存之道中脫離了。她淸楚地看到了過度認眞的自己、堅持到現在的自己。她可能還對自己說了句「我還眞能熬過來」，內心從糾葛變成了自由，從此脫離了「煩惱的構造」。

最後，在現實中也會出現解決方式

就在這個時候，搗蛋鬼出現了。

束縛著內心、造成煩惱的，是那陳舊過時而且並脫離現實的規範A，也就是「戒律」、「道德」、「制約」、「規則」。儘管以上這些是我們爲了和大家共同生活下去所必須的事物，但是一旦賞味期限過了，我們的心就會被其束縛產生煩惱。

因爲被「制約」束縛，讓X很痛苦。爲了和他人共同生活，他謹守制約，不得不努力拼命。但是他已經累壞了、撐不住了。X每天都很痛苦。就在這時候，破壞制約的搗蛋鬼出現，對X做了「頂膝下跪」的惡作劇。

正深切煩惱著的他突然憤怒地說「你幹什麼？」，當他腿軟跌倒的時候，制約被打破了。他重新振作，一邊拍拍髒衣服、一邊爬起來，打算再次遵守「制約」，但是不可思議的是，他已經感覺沒那麼痛苦了。制約是制約，自己是自己。他的心情突然放開來了，想對搗蛋鬼說聲謝謝，但搗蛋鬼已經一聲不響地消失無蹤。

生存之道改變了，煩惱消失了。當時所發生的一切，就是這麼一回事。搗蛋鬼是我們在無意中產生的自我組織力。它來得很自然，當我們不需要時就會消失。當新的組織化發生時，必須打破一部分舊的事物。這就是「頂膝下跪」的惡作劇。

NF小姐的情況是，搗蛋鬼出現在她與部長打交道時，它讓NF小姐說出了連自己也無法相信的話。

傾訴、感受、理解、等待和解決

心理諮商的療程十一：

NF－11：嗯，還撐得下去，馬馬虎虎。

工作還是那麼忙，一直被催。上個期，我非常忙很趕時間的時候，又被部長拜託說「NF小姐，能不能幫我趕一下這份工作？」。他應該知道我有多忙。我心裡想「我手上的工作也是你硬塞給我的吧」。可是，要是以前，我可能會回答他「好的。我想想辦法」。但那時候，我不由自主地脫口而出回答他「不行。現在很吃力」。

我的口氣很直接，連我自己都嚇了一跳。部長好像比我還要更吃驚。部長就像隻被人抓到的狐狸一樣愣著一張臉，回答說「啊……不行啊……是嗎？」我立刻離開回到自己的位子上了。回到自己的位子後，我冷靜想想，自己居然可以說出那樣的話……太強了。原來我辦得到。

Co－11：不錯，很厲害，妳拒絕得很乾脆。

NF－11：對，但是爲什麼會突然變成這樣？

Co－11：這是因爲妳探尋了自己的內心深處，心情得到了整理。心情得到整理後，人忍耐著、阻塞著的情感會被釋放，然後爲妳帶來新的生存之道。因爲這樣，現在妳腦子裡的思維方式是「如果拜託我做不可能的事」⇓「我會果斷拒絕」。這眞的太好了。

NF—11：多虧了你，謝謝。所以我能把自己的心情、我想的事用語言表達出來吧（後略）

CO—11：你知道自己長期一直忍耐的情感是什麼嗎？

NF—11：嗯……（暫時在内心中探索著）……是恐怖。

我一直很害怕那個部長。我得要好好做事，不好好做就會被他討厭……所以。我明白了。自己一直很害怕人，人很可怕。所以拒絕不了。那是上上週的事，我久違地在半夜醒來，從床上坐起來。

我感覺好像自己被全世界的人厭惡。我記不清楚了，我好像是做了這樣的一個夢。在夢裡我很害怕。我發呆了一下，但是倒下去又睡著了。

CO—11：NF小姐，太好了。恐怖在你夢裡都流洩出來，心裡覺得舒服了吧。

NF－11：是嗎？

Co－11：嗯，或許是妳體驗到妳一直以來感到的恐怖逐漸消失了。這種恐怖是基於「一定要堅持下去」的情感。情感變化大的時候，這種恐怖就會出現、流動。最後「一定要堅持下去」這樣頑固的心境就軟化了。

NF－11：原來這些都是相關的，我明白了。

Co－11：心在很深的地方連繫著。如果我們能看到它，痛苦和煩惱就會消失。把情感語言化、感受自己、整理心情、慢慢等待，自然煩惱就消失了。

NF－11：嗯，我明白了。也就是「訴說、感受、理解、等待、解決」是嗎？原來如此。

Co－11：是不是很多事情都覺得到頭來總有辦法解決了？

NF－11：是啊，總有辦法的。最近我的口頭禪是「算了吧」，我常對自己說「算了吧，總有辦法」，感覺很輕鬆。話說回來，女兒又這樣說我「媽媽，最近很輕鬆」，眞是有意思。不過，這次我很妙地回答她「你也是個著迷玩指揮棒的輕鬆小學生呢」。小R回答「嗯，不一定哦，哎呀，我和同學之間有很多事」。

CO－11：妳的心情大大地轉變了呢！

NF－11：是啊。

深深地感受煩惱、感受在它底部的憤怒，就能客觀看待自己，接著找到新的語言。我們的生存之道會因此改變。NF小姐找到了「不行（我做不到）」和「算了吧」這些語言。

爲了封印不安而制定的規則

爲了生存而存在的規則，是對於讓所有人和平相處、安心生活下去而言，必要的事物。這是長久以來，在大家的認同下所制定下來的。有了規則，我們就不會被各種不安所擺佈、能夠安心地生活下去。另外，一旦有了規則，就會強制我們「必須遵守」、「不能打破」。我們遵守著規則、按照規則活下去。

體育比賽的規則也是一樣的。規則是爲了「享受比賽」而創造出來的。比賽時必須遵守，只要違反了規則就會被罰紅牌要求退場。

人生的規則要比這還要更嚴厲，違反了就必須從人生舞臺退場，也就是被社會剔除在外。這就是對於違反規則感到的強烈恐怖。可是一般來說，這種不安與恐怖沒有那麼強烈，就算打破了頂多就是像NF小姐一樣在夢裡冒出來的程度。

爲了封印對死亡的恐懼而制定的無理規則

可是，在受虐中成長的人，對於違反規則感到非常恐怖。他一生都會受到束縛。儘管是有些極端，但我就以這樣的人爲例子說明。

如果從小被父母毫無道理地威脅、強烈指責、沒有原因就打一頓，那麼孩子自然會感受到死亡的恐懼。實際上有些人曾被威脅說「我要殺了你」、「我要把你扔進黑森林」。小孩子是無法忍受這種恐怖的。

爲了忘記恐怖，他們自己會制定規則。「不能任性、要忍耐。只有這樣才不會被殺」的規則，這是他們爲了活下來所訂下的規則。當然，沒人保證只要遵守了這道規則就不會沒命。可是，爲了壓抑恐怖，只能堅信著什麼活下去。這道規則是必要的。

壓抑是指我們在無意識之中壓抑著威脅自己生存的情感，並蓋住它不讓它浮上意識之中。爲了掩蓋住恐怖，「只要努力就好」、「認眞做就沒事」、「只要不讓人討厭就沒事」等等的規則是有必要的。

長大以後，如果這樣的人能夠正常生活的話，就沒必要掩蓋小時候對虐待的恐怖。一旦這蓋了被封印就不容易被打開，因爲一旦決定的制約是不能打破的。

我們用虐待的例子來說明了規則與不安和恐怖的關係。對一個在普通家庭長大的人來說，這可能有些極端。可是，制定的規則來管理生活、讓我們不被不安所擺佈，在這一點上的構造是相通的。

拼了命活著

讓我們把話題帶回到NF小姐身上。

她沒有受到虐待，但她的生存規則卻比別人更嚴格。「不想被人討厭」這道規則和無意識的不安、恐怖結合在一起，所以她拒絕不了部長強人所難的請求。

NF小姐面對了心裡的糾葛，並且解開了糾葛。那時候她感受到的恐怖出現在夢裡。

拼了命「活下去」是指懷抱著這些不安與恐怖努力活下去。人類心理的構造是非常深奥的。

心理諮商就是把這個已經不需要的蓋子打開，好釋放出我們被壓抑的情感。用心傾聽之下，這些蓋子自然會打開。

掀開蓋子，目睹我們至今所忍受的不安、恐怖的那瞬間，或許會讓人有些害怕，但是慢慢來就好。而且大多情況下，「搗蛋鬼」會出現，它會讓我們明白現實中的解決方法。我再重述一次，「搗蛋鬼」是個案自身擁有的自我組織力。

5. 死而復生的糾葛

解除糾葛可改變生存之道。之前我說明過，對於曾經受虐的人來說，在這個糾葛中，他們受到壓抑的恐怖感也非常強烈。在這種情況下，解除糾葛不光是改變生存之道，還需要從根本打破這一切。也就是，需要從精神上死而復生一次。以下讓我來介紹一個例子。

精神上的死亡，我稱之爲「意識暫停」（Blackout）與「精神瓦解」。「意識中斷」的時候「搗蛋鬼」不會出現。「搗蛋鬼」是自我組織力，這種力量會以不同方式登場來拯救個案。

有恐慌症的四十五歲退休男性

發生「意識中斷」的，是以下這位JJ先生。

他今年四十八歲、單身。他高中畢業以後，在二十三歲創業成立了一家

ＩＴ公司，並且很成功，公司業務蒸蒸日上。可是他在四十五歲時就把公司讓給了後進，自己退休了。現在獨自住在公寓中生活。他退休的理由沒有告訴任何人，他的身體和精神都很憔悴，他罹患了恐慌症。

恐慌症是指，在很多人坐的電車或飛機裡等比較狹隘的空間中會「感到自己被關在裡面，身體動彈不得」這種急促的不安，似乎感覺不能呼吸。一旦人不能呼吸，就會被死亡的恐怖感所擊潰。

這種體驗應該很多人都曾經歷過吧！小時候我玩捉迷藏躲進了一個很小的櫃子裡，心想「這裡應該沒人會發現，很得意」，但沒想到門被鎖上了，我就這麼被關在櫃子裡、呼吸困難、感到很驚慌，差點就嚇死了。

恐慌症是指人在長大成年以後，坐電車或坐飛機時不安感經常會發作。這裡雖然沒有「被鎖上」，但是這會在很常見的封閉空間中發生。哪怕只發生過一次，就會讓人也坐不了電車和飛機。

JJ先生是在四十三歲時開始出現症狀。最初是在出差的飛機裡。逐漸地他走在街上時也會發生，有時候會一週兩三次持續發生。每次這種情況發生，都會影響到他的工作。他懷疑這是身體的問題，因此住院檢查過好幾次，但都沒發現異常。最後他被診斷爲恐慌症，然後他決定退休。

退休以後，他看過三、四家精神科診所，而每次的診斷結果都是恐慌症。他藉由藥物治療，但效果不佳，接著便來到我的診所。接下來我要介紹的「意識中斷」是發生在一年以前。我先引述一下當時的對話。

JJ：我的症狀吃藥也沒用嗎？

Co：藥物治療是對症療法，只能控制一時，不能治根。

JJ：怎樣才能治根？

Co：精神療法，也就是心理諮商。

JJ：接受心理諮商會有改變嗎？

Co：舉例來說，藉由心理諮商可以讓人表現自我、找到對自己來說更貼切的語言。並使用這個語言，改變至今使用的語言順序。有了這段過程，你一直使用的人生語法會得到改變。結果會讓你對於以往坐電車，坐飛機的狀況有不同的理解。恐慌發作的次數會變少。

JJ：眞的嗎？眞的會改變嗎？

Co：眞的，會改變。

JJ：眞有趣。

CO：對啊！心理諮商很有趣。

JJ：是不是就像電腦的程式重編一樣，今後我會找到更貼切的語言，將自己的程式重編。

Co：說得對。重編到一定的深度。OS（Operating System，控制電腦整體的作業系統）也可能會被更新。那時候人會出現暫時的「意識中斷」。但是，那時的狀態是自己要負責哦，怎麼樣？

JJ：意識中斷是指什麼？

Co：如果更新達到了OS的層次，人會一瞬間迷失自己，就像電腦重啓一樣。當然不用擔心。我會幫你到最後。

JJ：原來如此。居然會發生這樣的事，太奇妙了。我想接受心理諮商，麻煩你了。

Co：好的，那就開始吧！

一年後，發生意識中斷的JJ先生

就這樣，心理諮商開始了。大約一年以後，JJ先生身上發生了意識中斷。有一天，一直沒有中斷過心理諮商的他，沒有出現。

他一個人在房間裡的時候，他那原本應該忘記了的虐待的記憶不斷地復甦過來，讓他感到恐懼，身體也動彈不得。他蹲在房間裡，不知道自己是誰。這樣的意識中斷持續了一週之久。

爲什麼會發生如此嚴重的意識中斷呢？因爲他從小受到了嚴重的虐待，打心底體驗過對死亡的恐懼。爲了能在殘酷的環境當中生存下來，他對自己制定了非常嚴格的規則，壓抑住自己的恐懼，比任何人付出更多倍的努力才活了下來。

JJ是獨生子，從小被父親毆打挨拳腳等身體虐待。母親也不給他吃飯。就算發燒也沒人帶他去醫院等（放棄養育）。因爲沒給他上幼稚園或托兒所，到了進小學的時候，他連假名（日語的發音）也不認識，自己的名字也不會寫，連自己的名字叫「丈治」也不知道。

他無法理解老師說的話，他坐在桌上，因爲他連打開課本的意思都不懂，打算坐在那裡發呆，接著隨便就跑出了教室。他因此被看成有心理發展障礙的孩子。

到了小學四年級，他總算明白了學校的系統，好好坐下來上課了。從那時起成績突飛猛進，初中的時候進入前幾名。可是到了高中，因爲沒人幫他交學費，只能一邊打工一邊上定時制高中，並且畢業了。上高中的時候，父母離婚，他家變成了單親家庭。他打工的錢除了交學費都被母親拿走了。父母到底是什麼時候離婚的，他也不知道。

他自己創業拼命工作，把公司做得很大了。他是個對職員體貼的老闆，僱用了初中畢業、生活辛苦的年輕人。出生以後的這四十年，他一直很拼命。可是過了四十歲，他就因爲恐慌症發作倒下了。他對人產生恐懼，發生在把工作轉讓給別人以後，他把自己關在公寓的一個房間足不出戶，一個人顫抖著。

拼命、忍耐、熟知必要義務、助人是他的生存之道（規則）。然後，對於每當他無法做到盡善盡美，他總是會自責。恐慌症是一直壓抑不安、恐怖而發作的病症。只要經歷一次就會反覆發作。只要自己拼命努力就好、只要拼命努力就不害怕、只要拼命努力就不會被父母拋棄、不會被殺。這是他從小的生存之道，這是他爲了壓抑恐怖所制定的規則，他因此對不夠盡力的自己感到憎恨。

JJ先生在心理諮商當中，理解了自己爲什麼會幫助努力的人，其實最想得到愛的人是他自己。

就在那個時候，只要努力、只要爲他人盡力的生存之道得到了根本的破壞。他那拼命活下去的姿態一旦中斷，被掩蓋住的恐懼就爆發出來了。就在那天，他突然變得動彈不得。

他那被虐待的記憶復甦了，整整三天三夜讓他難以入睡。他一直蹲在黑暗的房間裡。他忍耐著恐懼，就像在地獄裡匍匐爬了一圈。

第四天的早上，「上帝來救我了」。高樓華廈的晨曦從窗外射進來，房間變得一片亮白，白到什麼也看不見。他的恐懼消失，內心變得平靜。之後兩天，他待在這一片亮白的世界裡。第三天起，他逐漸看見了房間裡的狀況，可是一切沒有顏色，只是黑白。又過了一天，眼前的畫面變彩色了。當他回過神來時，已經有一週沒有進食。

「我煮了白米飯、做了味噌湯。雖然配菜只有海苔和醬瓜，但是我感覺比任何豪華套餐都美味。我細嚼慢嚥，一邊對自己說『好吃』，一邊流下眼淚，想著自己眞是好不容易熬到今天。啊，我喜歡自己，我心想今後要好好地愛自己。

那時候我想到的是，『恍然大悟』這一句。我整個人生都恍然大悟了。是不是上帝在最後出現了呢？」

「醫生，我突然想起來今天預約要做心理諮商，我忘記了，對不起。我重生了，好像活在和以前完全不一樣的世界。每天的晨曦很美、味噌湯很美味。醫生你說的意識中斷就是這個吧！」

他找到的語言是：晨曦很美、味噌湯很美味、愛自己，這三句話。

第 6 章

傾聽自己的心

傾聽自己→理解自己、包容自己→煩惱消失

傾聽的技術是了解自己的技術

關於傾聽的四個階段，我說明過了。你是不是明白了呢？「傾聽的技術」其實就是「了解內心的技術」。所以，學到這裡的「傾聽的技術」能活用於「瞭解內心的技術」。好不容易學到了這門，卻不運用到自己的心理上的話，是相當浪費的事。

傾聽自己的情緒，我們隨時隨地都能做到。

究竟要怎麼做到呢？讓我來簡單說明一下。

①不下結論，靜靜地傾聽自己

靜靜傾聽反映在自己心裡的語言和情感。不管浮現出怎樣的心情、情感或思考，我們都坦誠地去傾聽。

儘管我們怒火中燒，也不去否認。一般來說，當我們怒火中燒時，我們總是想控制住自己。首先我們會嘗試壓抑憤怒，可是當我們心中的憤怒太強，下次就會想採取一些行動。這些都是很自然的內心情感流動。靜靜傾聽自己是指不壓抑憤怒、不考慮實行憤怒，只是接受憤怒的自己。

舉個例子，比如某人只要一想起幾天前和朋友S的對話，就讓他感到很生氣，會想著「當時沒覺得那麼生氣，可是仔細想了一下，覺得朋友S說話很沒禮貌……」。

人首先會壓抑憤怒。我們會先嘗試以「不能這麼想」、「他一定有什麼理由」等這些方式來理解。但反過來，當憤怒很強烈時候，我們會想「下次要是遇到他，我一定要說他兩句」，「我要這麼反駁他」等，這是自然的心理狀態。

壓抑憤怒是規範A、想抱怨是情感B。這裡也有煩惱的構造在糾葛著。

靜靜傾聽是指，既不壓抑情緒說服自己、也不加以反駁、不對這兩個想法下結論，而是分別接受這兩種情緒。如果是很大的憤怒或許很困難，但如果是小的憤怒，我們應該能聽下去吧。當你有閒情逸致時，可以嘗試一下。如果你能做到的話，憤怒的情緒就會消失。

那麼感到喜悅又應該怎樣呢，也是一樣順其自然地傾聽。

你就心裡想著很開心，太好了，好好享受這段時光。

可是，就算是喜悅，也有讓人傾聽不下的時候，而有像是「想些更開心、更好的事」，「要更加油，才能更開心」的念頭。因此，相反地，我們也得想著「沒必要爲這點事高興，要記得『得意不忘形』」。這也是自然的心理狀態。

如果我們心裡不能單純地接受喜悅，這是因爲心裡存在規範A。規範A就讓它存在，純粹地感到高興是沒關係的。

② 你一定有理由認同並傾聽自己

不管你想到什麼、感受到什麼，既然是自己所發出的情緒，必然有其是有正當理由的，我們應該帶著贊同的心情聽下去。

認同自己並傾聽自己，是不是覺得非常困難呢？

我們基本上都會有討厭自己的地方。我們遵守不了自己決定的事和自己定的規則（規範A），這就是我們討厭自己的地方，所以規範A很強的人，討厭自己的程度以比例來說也比較高。當然，爲了守序有禮地過生活，厭惡自己也很重要。如果不是這樣，本來我們人馬虎隨便的地方非常多，或許根本無法生存下去。

所以，厭惡自己也不要緊，但不能過於自責。

不管是討厭自己，還是喜歡自己，都是很正常的行爲。

如果你可以就像是第三者一樣，對自己說一句「發生那麼多事，當然會這麼想」。那麼你的白我心理諮商就已經達到了一流水準，你能夠認同並傾聽自己。

或許你很難認同自己，容易暴露出情感。這時候對自己說「很可惜現在不能認同你，但錯了也沒關係，就照你的想法去做」，就這樣接受現況。這是我們傾聽不了時的對應方式。在不知不覺中，我們一定會有契機找到認同自己的理由。

認同自己並傾聽，並非所謂的「正向思維」。其中最大的區別是，在認同並傾聽時，自己心裡既有「訴說的自己」也有「傾聽的自己」。正向思維裡，只有「訴說的自己」（或是行動的自己），所以能持續一直認同，但是結果會變成在勉強自己。

另一方面，一旦我們建立起「傾聽的自己」，就能很容易認同「訴說的自己」。理由是我們能夠以客觀的視線看待自己。所謂客觀是指離開我們看待的對象，也就是自己離開自己。

人心很不可思議。在面臨危機，自己不知如何是好時，就會自然創造出「訴說的自己」與「傾聽的自己」，來解決眼前的危機。

「聽了這份報告，我大受打擊。不知道該怎麼辦才好，腦子裡變得一片空白，要這麼做嗎？不那麼做的話可能會……腦子裡有各式各樣的念頭不停地打轉，心裡很著急，著急到受不了。就在這時候，手會發抖。變成這樣以後，會有個冷靜的自己看著那焦躁的自己，當我們察覺到這一點，心情會立刻放鬆下來，想著『現在急也沒用……』」

告訴我這些事的是T先生。他在公司的一場很重要的演講之前，突然接到母親住院的消息。這消息是姐姐告訴他的。「應該不用擔心，下班以後過來一下」這段文字的下方附上了醫院的住址。這幾個月來，他的母親因爲心臟病而正在接受檢查。

另一個「傾聽的自己」認同並傾聽了心急的自己。所以，他控制住了情感的不穩定。T先生把眼前的工作順利完成。到這裡，我們不用把「訴說的自己」與「傾聽的自己」分開，無論誰都有類似的內心動態。冷靜傾聽自己的這個過程是共通的。

建立一個「傾聽的自己」，用其他表達方式來說的話，是指不評價自己、只認同自己的一切的話，評價就會消失。結果，自我評價就會上升，讓我們得到更大的滿足。

讓浮現在自己腦海的想法、當時體驗到的情感、感覺，以及對所有事都能認同並傾聽的狀態同時出現，我們會變得怎樣呢？

沒錯，我們應該會變得快樂，大多的煩惱都會消失。

③ 傾聽語言表達前的情感

請大家回想一下我在先前的「靜靜傾聽自己」中提過，某人對朋友S感到生氣的例子。他想起幾天前和朋友S的對話，突然感到很生氣。他回想起來的是憤怒的情感。「當時我不怎麼在意……」，其實憤怒一直留在心裡。

就像這樣，我們在傾聽自己的聲音的時候，最初傾聽的是自己的情感、是還沒有被語言表達出來的情感。你發現了嗎？

這到底是怎麼回事呢？人的思考是以情感↓語言的順序來進行。對朋友S的兩種語言① 控制憤怒的語言「S應該有他的道理」和②「下次見到他一定要反駁」是他對朋友S感到的憤怒，這是他想解決這個煩惱時所產生的語言。產生情感↓考慮對策↓產生語言。當人出現煩惱，就一定會產生這兩種語言，這就叫糾葛。

當我們察覺到這一點、傾聽到「啊，我在生氣」，就是在傾聽自己的情感。這比語言的層次更深，也就是我們在傾聽內心。

眼前綠葉茂盛的樹木在清風中搖晃著閃閃發光。我們會說「哇，好美啊，綠得發亮」。可是當我們說發亮的樹「很美」之前，在我們心中已經先喚起了樂觀的情感。語言是從這種情感擷取下來的一部分聲音（語言的任意性）。這是爲了傳達給他人和爲自己留下記憶的一種過程。

我們的內心首先會在情感層次上的產生波動，之後我們使用語言以傳達給他人，也就是情感被翻譯成語言。語言是社會性的事物，是大家所共有的。相反地，當我所感受到的「發亮的綠樹」被翻譯成語言時，就變成了適用於社會的事物（＝有傳達性的事物＝語言），無法以語言概括的事物就會被保留著。

我表達的語言對方可以理解。嚴格來說，我感受到的「發亮的綠樹」和對方聽到這種表現方式後，所感受到的「發亮的綠樹」之間肯定是有差異的。可是這一切會在社會機能的運作下，自動受到調整。

但如果你能好好傾聽自己的情感，這種差異就不會出現。因爲訴說的人和傾聽的人是同一個人。

在心裡諮商當中，諮商師首先會去聽個案所翻譯的社會語言。之後，再透過想像力聽取對方真正的情感。個案想表達的東西就在超越語言的情感裡。

自己的內心也是如此。不要被語言迷惑，好好傾聽每次你發出語言之前自己的情感，並發現日常生活中沒發現的語言。

情感比說話時發出的語言更有真實感、對自己而言更加貼切。那是難以言喻的的情感力量。

那麼，在那深層情感之下有著什麼呢？可能有著你本身的「自我」。

④不期待能解決，但仍傾聽自己的糾葛

所謂糾葛，是無法解決的矛盾，可是這在語言層面上會發生。

這就像有兩個自我，比如情感B「感覺生氣，想向朋友抱怨」，可是，規範A想著「這太孩子氣，對好朋友不能這樣」。這是糾葛。我們學習了在心理諮商時，對於這兩者都要給予肯定，我們要肯定糾葛的兩面。

那麼要是傾聽自己，我們該怎麼做呢？

可是，要是我們因爲抱怨失去了朋友，會讓我們感到不安。沒錯，確實會有抱怨以後失去朋友的情況。可是有時候，我們也會因爲坦白說出自己的不滿，反而讓關係變得更親密，無論哪一種都有可能。可是要是眞的因此失去了朋友，該怎麼辦……這會讓我們再度感到不安。那這次不說他，忍耐一下。可是這麼一來，情緒就得不到控制，心裡還是很生氣……還是想好好告訴對方。

這就是糾葛。

就像我們從案例中學習的一樣，當糾葛達到了頂點，我們什麼也無法思考。只是安靜地等待、無力、放棄……感到有些悲傷。

「啊，自己居然爲了這種事而煩惱和拼命，想想就覺得可憐……」

想到這裡，讓人思路阻塞的糾葛順其自然就會放手。所謂放手是指用在語言的層次上發洩出來。我們捨棄語言，就這樣維持現狀。

如果有機會再見到朋友S，「搗蛋鬼」就會出現。「搗蛋鬼」一定會把整個狀況往好的方向引導，我們只要放心就好。

從理解自己到接納自己

傾聽別人的話語，是理解對方內心的過程。

傾聽自己的話語，是理解自己內心的過程。

如果我們徹底理解了自己，會怎樣呢？

可能，我們的煩惱全部都會消失吧！

雖然這種層次的體驗，就連筆者本人也沒有經歷過，但理論上應該是如此。我想會很有趣，請自行體驗看看。

傾聽內心的技術就是傾聽自己的技術，是發現語言、超越語言、認同自己內心的一門技術。

結語

這本書到最後想告訴大家的是，心的動向有其理論可循。

一般來說，心容易變、情感很難控制、心理不客觀等，人們總覺得心很曖昧不容易猜透，但其實並非如此。

心的動向有理論可循。

可是有其條件，那就是我們必須看到比心更深一層的東西。

本書中將傾聽的技術「四個步驟」從一到四越來越加深化的順序加以說明。就這樣的觀點，我們來觀察個案的內心動態和自身的心理變化，就會深刻地感受到「啊，心理正按照理論在變化著」。

所謂理論，是指被認爲是科學的本質。用專業術語來說，這項理論具有可否證性（falsifiability）。可否證性是指如果該理論說「當內心感覺A，就會往B變動」的話，就該內容理論上我們可以推論「在C的情況下，就應該會往D變動」，而實際上「C的情況下會不會變成D」這一點是否可以被驗證（有沒有可否證性）呢？如果不能驗證，就表示這個理論是錯的。

我們感受了眼前個案的心理變化，推論出「在這時候，如果發現到自己的憤怒，內心就會放鬆下來」並加以傾聽，過一陣子之後，實際上就變爲如此。或者我們想理論上差不多快到了搗蛋鬼該出場的時候了，而現實裡就發生了這樣的事件。

這樣的推論成立，就表示心是有理論可循的（也就是科學的）。

那麼，傾聽的技術換句話說，就是讓對方安心傾訴心聲的技術。當無法傾聽下去時，就表示傾聽方開始感到不安。

這時候，能夠保證「安心並傾聽」的，就是心的理論。

如果理解心會照著理論來變動，就能安心傾聽。

比如諮商師這麼推論：「現在（步驟三）雖然個案很痛苦，但如果這種恐怖能用語言傳達出來，心理上的負擔會變輕」。這麼一來，就算是悲傷的話題和找不到出口的情緒，我們也能安心地傾聽下去。然後要是能安心地傾聽，傾聽方的安心感會傳達給傾訴方。傾訴方也能更暢所欲言，內心會越來越深化，我們更能清楚地觀察到個案的內心動向。最後，心會朝著我們所期望的方向改變，煩惱也就得以解決。

心只要得到了更深層的理解，就會具備自然的「力量」，也就是可以推動自我組織的力量。受到這種力量的引導，內心會更加合乎理論來運作、狀態也會更加安定。

這趟以「傾聽的技術」爲主題所著述的內心探索之旅，是否讓你意猶未盡呢?在傾聽他人的話語上、在傾聽自己的內心上，若本書能爲讀者發揮些許助益，我身爲筆者便感到萬幸。

二〇一九年十月吉日　高橋和巳

附錄
延伸閱讀

- 《懂得的陪伴：一位資深心理師的心法傳承》（2022），曹中瑋，心靈工坊。
- 《聆聽的力量：臨床哲學試論》（2022），鷲田清一，心靈工坊。
- 《歡迎來到性諮商室：三位少男和他們的心理師》（2022），呂嘉惠，心靈工坊。
- 《心理師，救救我的色鬼老爸！》（2020），呂嘉惠，心靈工坊。
- 《孩子說「不」，才會去做：法國父母最信任的育兒專家協助你聽懂孩子的語言》（2022），馮絲瓦茲．多爾多（Françoise Dolto），心靈工坊。
- 《與孩子的情緒對焦：做個平和的父母，教出快樂的小孩》（2020），蘿拉．馬克罕博士（Dr. Laura Markham），心靈工坊。
- 《生命的禮物：給心理治療師的85則備忘錄【全新修訂版】》（2021），歐文．亞隆（Irvin D. Yalom），心靈工坊。
- 《從殊途走向療癒：精神分析躺椅上的四個人生故事》（2021），沃米克．沃爾肯（Vamık Volkan），心靈工坊。

- 《認真的你，有好好休息嗎？——平衡三力，找回活力》（2020），黃天豪、吳家碩、蘇益賢，心靈工坊。
- 《家是個張力場：歷史視野下的家庭關係轉化》（2020），夏林清；王淑娟、江怡臨、朱瑩琪、李丹鳳、范文千、鄭麗貞，心靈工坊。
- 《找回家庭的療癒力：多世代家族治療》（2020），茅里齊奧・安東爾菲（Maurizio Andolfi），心靈工坊。
- 《與自己相遇：家族治療師的陪伴之旅》（2019），賴杞豐，心靈工坊。
- 《我們之間：薩提爾模式婚姻伴侶治療》（2019），成蒂，心靈工坊。
- 《晚熟世代：王浩威醫師的家庭門診》（2013），王浩威，心靈工坊。
- 《憂鬱的醫生，想飛：王浩威醫師的情緒門診2》（2013），王浩威，心靈工坊。
- 《我的青春，施工中（二版）：王浩威醫師的青春門診》（2012），王浩威，心靈工坊。

- 《最高的聆聽：建立真心連結、溝通，以及關係的5堂課》（2024），派翠克・金（Patrick King），大田。
- 《也許你該找人聊聊：一個諮商心理師與她的心理師，以及我們的生活（二版）》（2023），蘿蕊・葛利布（Lori Gottlieb），行路。
- 《也許你該找人聊聊2：心理師教你大膽修訂自己的人生故事！》（2022），蘿蕊・葛利布（Lori Gottlieb），行路。
- 《佛洛伊德的椅子：化解內在衝突，隨身必備的情緒調節書》（2023），鄭道彥（정도언），究竟。
- 《蛤蟆先生去看心理師》（2022），羅伯・狄保德（Robert de Board），三采。
- 《男孩、鼴鼠、狐狸與馬》（2022），查理・麥克斯（Charlie Mackesy），天下雜誌。
- 《陪傷心的人聊聊：重要時刻這樣傾聽、那樣對話【英國生命線志工訓練手冊】》（2022），凱蒂・可倫波斯（Katie Colombus），橡實文化。
- 《你發生過什麼事：關於創傷如何影響大腦與行為，以及我們能如何療癒自己》(2022)，歐普拉・溫芙蕾(Oprah Winfrey)、布魯斯・D・培理(Bruce D. Perry)，悅知文化。

- 《傾聽的力量：練習一個神奇的傾聽法則，創造圓滿關係，讓人信任讚嘆「你都懂！」》(2022)，麥可・索倫森(Michael S. Sorensen)，遠流。
- 《聆聽之路：療癒寫作教母帶你聽見自我、以聽療心、寫出能力》(2021)，茱莉亞・卡麥隆(Julia Cameron)，方智。
- 《聽比說更重要：比「說」更有力量的高效溝通法》(2021)，赤羽雄二，遠流。
- 《說話的本質：好好傾聽、用心說話，話術只是技巧，內涵才能打動人》(2021)，堀紘一(HORI Koichi)，經濟新潮社。
- 《我想傾聽你：懂得傾聽，學會不過度涉入，讓我們用更自在的陪伴豐富彼此》(2016)，洪仲清，遠流。

心靈工坊 PsyGarden

SelfHelp 044

一流精神科醫師的傾聽術：深入人心的全方位傾聽養成法

精神科医が教える聴く技術

高橋和巳（Takahashi Kazumi）—著　徐天樂—譯

出版者—心靈工坊文化事業股份有限公司
發行人—王浩威　總編輯—徐嘉俊
特約編輯—王聰霖　責任編輯—饒美君
封面設計—木木Lin　內頁版型設計與排版—李宜芝

通訊地址—10684台北市大安區信義路四段53巷8號2樓
郵政劃撥—19546215　戶名—心靈工坊文化事業股份有限公司
電話—02）2702-9186　傳真—02）2702-9286
Email—service@psygarden.com.tw　網址—www.psygarden.com.tw

製版・印刷—中茂分色製版印刷事業股份有限公司
總經銷—大和書報圖書股份有限公司
電話—02）8990-2588　傳真—02）2290-1658
通訊地址—248新北市五股工業區五工五路二號
初版一刷—2024年2月　ISBN—978-986-357-361-6　定價—400元

國家圖書館出版品預行編目資料

一流精神科醫師的傾聽術：深入人心的全方位傾聽養成法 / 高橋和巳 著；徐天樂 譯. -- 初版. -- 臺北市：心靈工坊文化事業股份有限公司, 2024.02
面；　公分. -- (SelfHelp ; 44)
譯自：精神科医が教える聴く技術
ISBN 978-986-357-361-6(平裝)

1.CST: 心理諮商 2.CST: 諮商技巧 3.CST: 臨床心理學

178.4

113001148

心靈工坊 PsyGarden 書香家族 讀友卡

感謝您購買心靈工坊的叢書，爲了加強對您的服務，請您詳塡本卡，
直接投入郵筒（免貼郵票）或傳眞，我們會珍視您的意見，
並提供您最新的活動訊息，共同以書會友，追求身心靈的創意與成長。

書系編號－SH044　書名－一流精神科醫師的傾聽術：深入人心的全方位傾聽養成法

姓名　是否已加入書香家族？□是 □現在加入

電話（公司）　（住家）　手機

E-mail　生日　年　月　日

地址 □□□

服務機構／就讀學校　職稱

您的性別—□1.女 □2.男 □3.其他

婚姻狀況—□1.未婚 □2.已婚 □3.離婚 □4.不婚 □5.同志 □6.喪偶 □7.分居

請問您如何得知這本書？
□1.書店 □2.報章雜誌 □3.廣播電視 □4.親友推介 □5.心靈工坊書訊
□6.廣告DM □7.心靈工坊網站 □8.其他網路媒體 □9.其他

您購買本書的方式？
□1.書店 □2.劃撥郵購 □3.團體訂購 □4.網路訂購 □5.其他

您對本書的意見？

封面設計	□ 1.須再改進	□ 2.尚可	□ 3.滿意	□ 4.非常滿意
版面編排	□ 1.須再改進	□ 2.尚可	□ 3.滿意	□ 4.非常滿意
內容	□ 1.須再改進	□ 2.尚可	□ 3.滿意	□ 4.非常滿意
文筆／翻譯	□ 1.須再改進	□ 2.尚可	□ 3.滿意	□ 4.非常滿意
價格	□ 1.須再改進	□ 2.尚可	□ 3.滿意	□ 4.非常滿意

您對我們有何建議？

□ 本人＿＿＿＿＿＿（請簽名）同意提供真實姓名/E-mail/地址/電話/年齡/等資料，以作為心靈工坊聯絡/寄貨/加入會員/行銷/會員折扣/等用途，詳細內容請參閱：http://shop.psygarden.com.tw/member_register.asp。

廣　告　回　信
台北郵局登記證
台北廣字第1143號
免　貼　郵　票

心靈工坊 PsyGarden

台北市106信義路四段53巷8號2樓

讀者服務組　收

免　貼　郵　票

（對折線）

加入心靈工坊書香家族會員
共享知識的盛宴，成長的喜悅

請寄回這張回函卡（免貼郵票），
您就成爲心靈工坊的書香家族會員，您將可以——

⊙隨時收到新書出版和活動訊息

⊙獲得各項回饋和優惠方案